マサトさん

みなさん、はじめまして。
ぼくは村瀬《むらせ》孝生《たかお》といいます。
老人福祉《ろうじんふくし》の仕事をしています。
これからみんなにぼくの仕事について
お話ししたいと思います。
この本の舞台《ぶたい》は、
特別養護《とくべつようご》老人《ろうじん》ホームと宅老所《たくろうじょ》の
ふたつの施設《しせつ》です。

特別養護老人ホーム

「特別養護《とくべつようご》老人《ろうじん》ホーム」は、介護《かいご》を必要《ひつよう》とするお年寄《としよ》りが大人数で暮《く》らしています。
う〜んとね、ぼくが働《はたら》いていた特別養護《とくべつようご》老人《ろうじん》ホームは百人の人が暮《く》らしていたんだよ。
ニャ〜

第2宅老所
よりあい

ぼくがいま働《はたら》いている
「第2宅老所《たくろうじょ》よりあい」は、
ぼけを抱《かか》えたお年寄《としよ》りが通ってくる施設《しせつ》。
通いながら泊《と》まる人もいる。
泊《と》まっているうちにいつのまにか
住み着いちゃう人もいる。
十数名が利用《りよう》するとても小さな施設《しせつ》。
建物《たてもの》だってみんなが住む家と同じ
民家《みんか》なんだよ。
ニャ〜〜

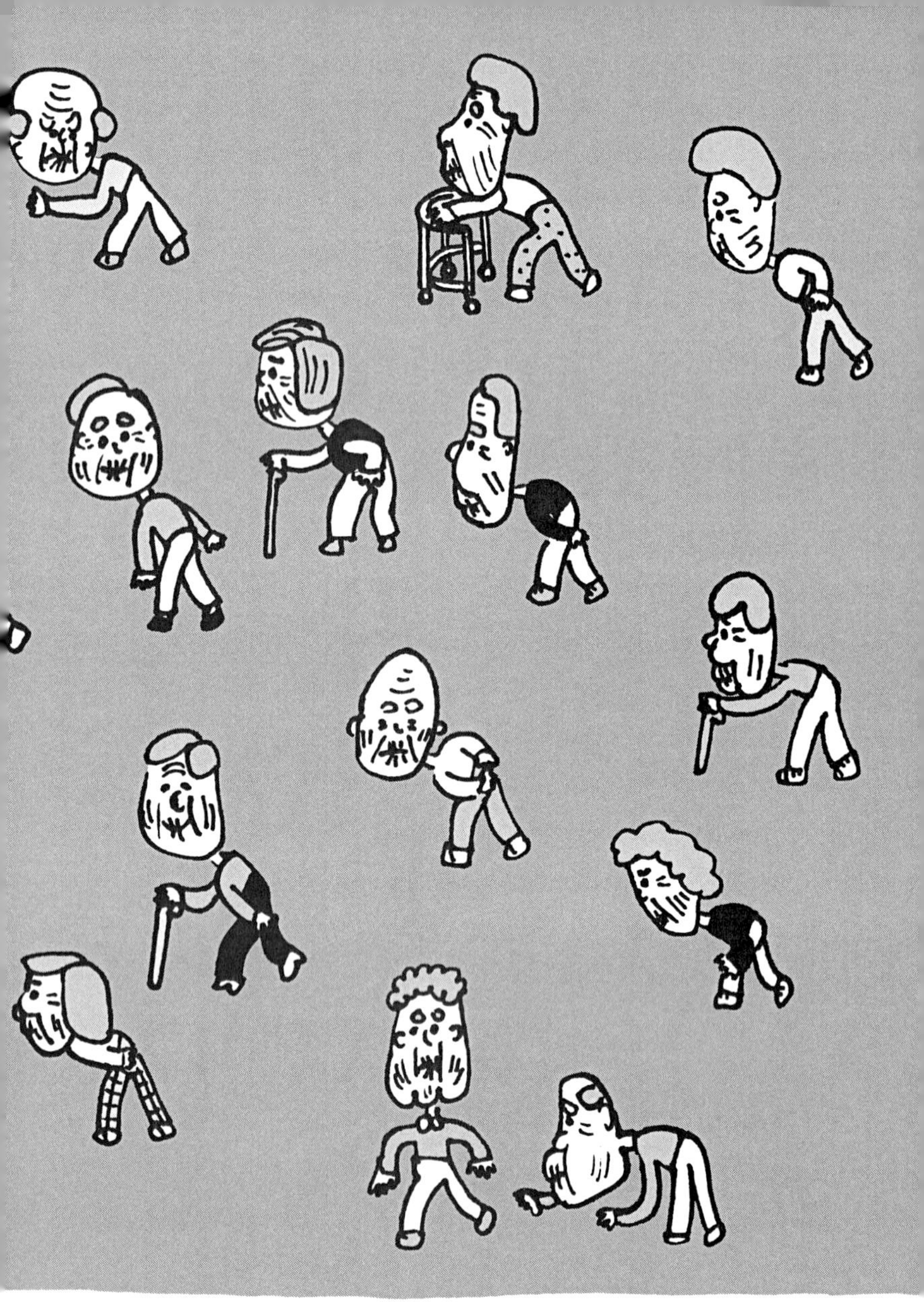

特別養護《とくべつようご》老人《ろうじん》ホームと宅老所《たくろうじょ》。
規模《きぼ》や形はちがうけど、
そこで巻《ま》き起《お》こるできごとは、
ぼくたちにたくさんの
大切なことを教えてくれる。
それじゃ、これから案内《あんない》するね。

もくじ

あたいらここに捨《す》てられたとばい。

おばあちゃんが、ぼけた。

村瀬孝生

新曜社

よりみちパン!セ

老人ホームは姥《うば》捨《すて》山《やま》!?

パート1

リポビタンDばあさん

太く、まっすぐに伸《の》びる廊下《ろうか》を歩く。キョロキョロしながら。廊下《ろうか》を幹《みき》にぶどうの房《ふさ》のように部屋《へや》がくっついている。部屋《へや》をのぞいてみる。四人のおばあさんがいる。おばあさんたちはちょこんとベットの上に座《すわ》っていた。

そのひとりがぼくに気がついた。手招《てまね》きしてる。「はい、はい」と近寄《ちかよ》ると、おばあさんは、ぼくをじっと見た。ぼくもおばあさんをじっと見る。片目《かため》はきっと見えないんだ。だって白く濁《にご》っていて、まぶたもタラーンとたるんでいる。顔はしわだらけ。

というより、しわの中に顔がある感じ。手は老人斑《ろうじんはん》に被《おお》われて関節《かんせつ》が太く膨《ふく》らんでいる。まるで大木の根っこのよう。あの、ごっつい手はぼくの手よりきっと大きい。

「あんたになぁ、頼《たの》みごとあるとたい。リポビタンDを買《こ》うてきてやらんなぁ」。「は〜い」とぼくは買い物に行く。車に乗《の》り込《こ》んで出発だ。近所のスーパーを目指して。

近所といっても老人《ろうじん》ホームは山の中にあるので車で行く。大きなスーパーの中にある薬局でリポビタンDを十二本買う。急いでおばあさんの元に戻《もど》った。おばあさんの喜《よろこ》ぶ顔を目に浮《う》かべながら。でもね、おばあさんは喜《よろこ》ばなかった。それどころか不機嫌《ふきげん》になった。

「それは、どこで買《こ》うてきたとなぁ」。「スーパーで買いました」。そう答えると「あ〜、スーパーのリポビタンDは、いっちょん（少しも）きかん」。ぼくの買ってきたリポビタンDは効果《こうか》がないからだめだといって譲《ゆず》らない。そして「安藤商店《あんどうしょうてん》のを買《こ》うてきてやらんなぁ」とお店を指定する。「え〜っ！　どこで買ってもリポビタンDは同じですよ。違《ちが》いなんてありゃしない」。あんまりうるさく言うので、ぼくはしょうがなく安藤商店《あんどうしょうてん》のリポビタンDを買いなおすはめになる。ぼくはひそかにそのおばあさんを「リポビタンDばあさん」と呼《よ》ぶことにした。

疑問《ぎもん》がふたつ。なぜ、おばあさんはぼくの買ってきたリポビタンDが安藤商店《あんどうしょうてん》のものではないとわかったのか。なぜ安藤商店《あんどうしょうてん》のリポビタンDは効《き》きめがあるのか。ひとつめの謎《なぞ》は簡単《かんたん》に解《と》けた。商品を入れる袋《ふくろ》がスーパーはビニール製《せい》。安藤商店《あんどうしょうてん》は茶色の紙製《かみせい》だったから。そして安藤商店《あんどうしょうてん》とゴム印《いん》が押《お》してある。ふたつめの謎《なぞ》はいまだ明らかではない。けれど想像《そうぞう》はついた。どうやら「リポビタンDばあさん」は老人《ろうじん》ホームに入る直前まで畑で農作業を続《つづ》けていたらしい。何十年も。安藤商店《あんどうしょうてん》はその畑の目と鼻の先にある。きっと、一生懸命《いっしょうけんめい》に働《はたら》いたのだろう。あの手はそれを証明《しょうめい》している。そして、働《はたら》き疲《つか》れると安藤商店《あんどうしょうてん》に足を運んだんだ。想像《そうぞう》だけど。

それ以降《いこう》、おばあさんからリポビタンDを買ってくるように頼《たの》まれるようになった。おばあさんにはわずかな年金収入《ねんきんしゅうにゅう》しかなかった。安藤商店《あんどうしょうてん》のリポビタンDはスーパーより値《ね》が高い。だからぼくは、スーパーで安売りされるリポビタンDを買うことにした。でも渡《わた》すときは安藤商店《あんどうしょうてん》のあの紙袋《かみぶくろ》に入れる。もちろん、おばあさんには内緒《ないしょ》で。

「リポビタンDばあさん」はそれでも大いに喜《よろこ》んでくれた。

H_2Oじいさん

廊下《ろうか》を歩いているとまた声をかけられた。今度はおじいさん。「君、きみ」と太くこもった声で呼《よ》ぶ。誘《さそ》われるように三〇六号室へ。声の主はベッドの上に横たわっていた。おじいさんの左手は猫《ねこ》が手招《てまね》きするような形で変形《へんけい》し、胸元《むなもと》で固《かた》まっていた。左半身は麻痺《まひ》し、頭からつま先まで板のように硬直《こうちょく》している。だから首だけを起こしてぼくをじ〜っと見た。

「君はH_2Oを知っとるかね」。唐突《とうとつ》な質問《しつもん》にぼくは慌《あわ》てて答えた。「はい、水のことですか」。すると、おじいさんは「そうだ、それをぼくにくれたまえ」と一言。枕元《まくらもと》にある棚《たな》には寝《ね》たままでも飲むことのできるコップがあった。そのコップはアラジンの魔法《まほう》のランプのような形をしている。それをおじいさんの口元に運ぶとチュパ、チュパと音を立てて、中の水を一気に飲《の》み干《ほ》した。「ほっ」と一息ついたおじいさん、今度は親指を立てて、背後《はいご》の棚《たな》を指差《ゆびさ》す。そこには蜂蜜《はちみつ》の空《あ》き瓶《びん》がひとつ。中には氷砂《こおりざ》糖《とう》が詰《つ》まっていた。

「プリーズ、キブ、ミー、あめ」。「はあ〜?」と聞き返すぼくに少しいらだった口調で「プリーズ! キブ! ミー! あめ」とおじいさんは繰《く》り返《かえ》した。さっきは化学記号。今度は英語《えいご》。なぜか「あめ」だけが日本語。なんでこうも、もってまわったような言い方なのかな? 最初《さいしょ》から日本語で言ってくれればいいのに。ひょっとして外国の人? そんな謎《なぞ》を頭にめぐらしながら、氷砂糖《こおりざとう》をふたつ、おじいさんの口の中に入れる。口の中で転がされる氷砂糖《こおりざとう》は、抜《ぬ》け残《のこ》って一本になった歯に当たり、「カラン、カラン」と音を立てる。

このおじいさん、いったい何者? なぜ、化学記号や英語《えいご》を使ってコミュニケーションをとるのだろう。深まる謎《なぞ》を解《と》くために、ぼくはケース記録《きろく》が保管《ほかん》されている事《じ》務所《むしょ》へと向かう。ケース記録《きろく》にはここで暮《く》らすお年寄《としよ》りたちの生活歴《せいかつれき》が綴《つづ》られている。

おじいさんは外国人ではなかった。正真正銘《しょうしんしょうめい》の日本人。職歴《しょくれき》に目をやるとそこには「高校教師《こうこうきょうし》、化学を教えていた」と書いてあった。（ふ〜ん、なるほどね。化学記号や英語《えいご》がとびだしてきたのはそのせいか……）分かったような、分からないような感じ。

ぼくはひそかに、このおじいさんを「H_2Oじいさん」と呼《よ》ぶことにした。

「H_2Oじいさん」は一日の大半をベットの上で過《す》ごしていた。自分では立ったり歩いたりができないから。それでもモゾモゾと動くので、たまにベットから落ちた。危《あぶ》ないので柵《さく》が取《と》り付《つ》けられていた。おじいさんはいつも廊下《ろうか》を見ていた。柵越《さくご》しにね。観察《かんさつ》していたんだ。廊下《ろうか》を通る人たちを。そして分析《ぶんせき》する。誰《だれ》に声をかけるとあの氷《こおり》砂糖《ざとう》を取ってくれるのだろうかと。「H_2Oじいさん」は糖尿病《とうにょうびょう》。あの氷砂糖《こおりざとう》を食べられるのは、本当は血糖値《けっとうち》が下がりすぎて低血糖《ていけっとう》を起こしたときだけ。おやつのように食べちゃいけない。そのことを知らない人が廊下《ろうか》を通ることを、おじいさんは期待しているようだった。

H2Oじいさん
キミキミ H2Oを くれんかね
H2O?
……あ!
Na CK H2 CO2 FBI JR C3PO CM ABC JA NHK WC
はい H2O
チュパ チュパ

なるな！　ぼんくらと盗《ぬす》っ人《と》だけには！

　ここは、ぼくが働《はたら》いていた老人《ろうじん》ホーム。正式には特別養護《とくべつようご》老人《ろうじん》ホームと呼《よ》ぶ。老《お》いてなおかつ、からだに不自由《ふじゆう》があったり物事をうまく考えることができなくなったお年寄《としよ》りたちが暮《く》らしている。その暮《く》らしのお手伝《てつだ》いをすることが、ぼくたちの仕事。特別養護《とくべつようご》老人《ろうじん》ホームにはいろんな職種《しょくしゅ》の人がいる。施設長《しせつちょう》、事務員《じむいん》、生活指導員《せいかつしどういん》（相談員）、看護師《かんごし》、寮母《りょうぼ》、管理《かんり》栄養士《えいようし》、調理員、宿直員。みんなで協力《きょうりょく》してお年寄《としよ》りの生活を支《ささ》えるんだ。

　百人のお年寄《としよ》りが暮《く》らしていた。百人もいればいろんな人がいる。「リポビタンDばあさん」「H_2Oじいさん」のようにね。びっくりした。なにしろこのふたりは変《か》わっていたから。なにしろ理屈《りくつ》が通じない。わかる言葉でちゃんと説明《せつめい》してくれない。

　変《か》わっているのはこのふたりだけではない。当時二十三歳《さい》のぼくを見て「おまえは中学生か？　ぼんくらと盗《ぬす》っ人《と》だけにはなるなよ」と説教《せっきょう》するおばあさんもいた。

「村瀬《むらせ》です」と自己紹介《じこしょうかい》しても、「はあ？　ゆらけさんですか」と聞き返す人もいる。耳が悪いというより「ま行」が「や行」に聞こえ、「さ行」が「か行」に聞こえるようだった。まあ、何度自己紹介《じこしょうかい》しても結局《けっきょく》は覚《おぼ》えてくれないのだけど。だから、ほとんどの人がぼくを「にいちゃん」と呼《よ》んだ。アメリカで長く暮《く》らしていたことのあるおばあさんは「ＯＨ！　ブルーボーイ（「青二才」ってこと!?　……あんまりだ～）」と呼《よ》んだ。

老《お》いるって、いったいどういうことだろう。それがピンとこなかった。核家族《かくかぞく》という言葉を耳にしたことがあるでしょ。ぼくはその核家族《かくかぞく》で育った。だから祖父母《そふぼ》と暮《く》らしたことがない。両親と妹だけの家族。日常《にちじょう》の生活の中に老《お》いた人がいなかった。ごくたまに祖父《そふ》が遊びに来て数週間ほど泊《と》まる。祖父《そふ》は醤油《しょうゆ》や箸《はし》をのせたお盆《ぼん》にプリントされている花の葉っぱを漬物《つけもの》と勘違《かんちが》いして、必死《ひっし》で取ろうとした。それが小学生のぼくにはおかしくてたまらない。これが老《お》いに対するぼくの子どもの頃《ころ》の記憶《きおく》。

なぜかはよく分からないけれど、老人《ろうじん》ホームの廊下《ろうか》を歩いていれば必《かなら》ず声をかけられるし、いろんな頼《たの》みごともされる。ぼくはそれをひとつ、ひとつこなしていくことで精一杯《せいいっぱい》。

花盗《はなと》りばあさん事件《じけん》

いつものように廊下《ろうか》を歩く。三〇二号室。そこは元校長先生の部屋《へや》だ。花や植物がとても好《す》きな人だった。毎朝、たくさんの鉢植《はちう》えに水をまいて、植物の成長《せいちょう》を楽しみにしている。楽しみはもうひとつあった。美しく咲《さ》いた花を見てみんなが喜《よろこ》ぶこと。だから、一生懸命《いっしょうけんめい》に育てていた。

その元校長先生が声をかけてきた。「ちょっと、いいかね」。声は優《やさ》しかったが顔は怒《おこ》っていた。「あのな、せっかく咲《さ》いた花を摘《つ》み取《と》るやつがおる。犯人《はんにん》を見つけて注意してほしい」。確《たし》かに廊下《ろうか》の端《はし》に並《なら》べられた鉢植《はちう》えの花が、つぼみを残《のこ》してすべて摘《つ》み取《と》られている。

犯人《はんにん》はしばらくして見つかった。元校長先生が目撃《もくげき》したのだ、何者かが花を摘《つ》み取《と》る瞬間《しゅんかん》を。犯人《はんにん》は九十八歳《さい》のハツさんだった。ハツさんはとても小さいおばあさん。

猫《ねこ》のように背《せ》を丸め早足で歩く。話しかけると「はあ？」と首をかしげる。何を聞いても「はあ？」としか答えてくれない。でもね、話しかけると必《かなら》ず立ち止まって耳を傾《かたむ》けてくれる。きれいな白髪《はくはつ》。小さくつぶらな黒眼《くろまなこ》。じ～っとぼくの目を見つめ「はあ～？」と本当に不思議《ふしぎ》そうに話を聞いてくれる。

ハツさんの花を摘《つ》み取《と》るテクニックは、みごとだった。みごとすぎて誰《だれ》もハツさんの仕業《しわざ》とは思わなかった。並《なら》ぶ鉢《はち》植えに平行してスタスタと歩く。花には目もくれないのに、通《とお》り過《す》ぎる瞬間《しゅんかん》にサッと手を出してお目当ての花をちぎり取る。歩く速度が落ちないので、すれ違《ちが》いざまの早業《はやわざ》だった。これじゃ、誰《だれ》も気《き》がつかないやと感心していると、元校長先生は顔を真っ赤にして怒《おこ》り出《だ》した。

「あのばあさんを何とかしろ。頭のおかしくなったばあさんさんやろが。追い出してしまえ」。ぼくは困《こま》り果《は》てた。だって、ハツさんは家に居場所《いばしょ》がなくなって、ここに来たのに。ここから追い出されたらハツさんはどこにも行き場所がないじゃないか。元校長先生の気持ちも分かる。丹精《たんせい》こめて育ててきたのだから。板ばさみのぼく。

問題はハッさんに花を摘《つ》み取《と》ることを止《や》めるように注意しても、その注意を聞かないことだった。なにもハッさんの性格《せいかく》が悪いのではない。泥棒歴《どろぼうれき》があったわけでもない。ハッさんが抱《かか》えていたものは「ぼけ」だった。だから、相《あい》も変《か》わらずきれいに咲《さ》いた花を盗《と》り続《つづ》けた。でもよく見ているとハッさんが手を出さない花がある。それはアザミの花。「ハッさん、なんでこの花は盗《と》らんの」と尋《たず》ねてみる。「こりゃ、痛《いた》あ〜」と返ってきた。いつも「はあ〜?」としか言わないのに。そこでぼくは思いついた。元校長先生の部屋《へや》に駆《か》け込《こ》んでお願《ねが》いした。「先生、お願《ねが》いがあります。これから育てる花はすべて棘《とげ》のある花にしてください」と。

万事《ばんじ》、まるくおさまるはずの超《ちょう》おすすめ提案《ていあん》に「きみはバカか。そんなことができるか!」と元校長先生は怒《いか》り心頭《しんとう》。おさまるどころか火に油を注ぐ結果《けっか》となった。

ハッさん危《あや》うし

ハッさんは花を盗《と》り続《つづ》け、元校長先生もそのたびに怒《おこ》る。このままもめ続《つづ》けるとととんでもない結果《けっか》が待ち受けている。ことがまるくおさまらずもめ続《つづ》ければ、ハッさんは問題ぼけ老人《ろうじん》として鍵《かぎ》のついた部屋《へや》にその身を移《うつ》されかねない。そう、特別養護老《とくべつようごろう》人《じん》ホームには合法的《ごうほうてき》に「監禁《かんきん》」できる部屋《へや》があった。想像《そうぞう》ができるかい。合法的《ごうほうてき》に人を監禁《かんきん》することができるということを。

「監禁《かんきん》することができる」というと誤解《ごかい》があるね。言い直そう。安全を守るための手《しゅ》段《だん》が監禁《かんきん》だということ。なぜ、安全を守らねばならないか。おばあさんは考える能《のう》力《りょく》を失《うしな》っている。自分で自分の身を守れない。それどころか、何が危険《きけん》であるか判断《はんだん》できない。よって自ら危険《きけん》な行為《こうい》をする。そのためには抑制《よくせい》や監禁《かんきん》もやむなしという理屈《りくつ》。保護《ほご》=抑制《よくせい》・監禁《かんきん》という現実《げんじつ》があった。

けれどね、そうやって守られた安全はおばあさんのためのものではなかった。問題を巻《ま》き起《お》こすおばあさんを監禁《かんきん》することで、ほかの人たちの生活を平穏《へいおん》なものにするためのものだった。ハッさん危《あや》うし。

それじゃあ、ぼくたちのできることって一体なんだ。とにかく謝《あやま》ること。なんという無力《むりょく》さ。元校長先生が激怒《げきど》するたびに「すみません。気をつけていたのですが……」とハッさんの代わりに謝《あやま》る。三十分ほど元校長先生につきあえばなぜかしら怒《いか》りは解《と》け、笑《え》みがもれはじめる。そしてねぎらってくれる。「あんたも大変《たいへん》やなぁ」と。その繰《く》り返《かえ》し。問題はたとえ解決《かいけつ》しなくても、なんとかまるくおさめるために右往左往《うおうさおう》する。

老人《ろうじん》ホームに勤《つと》めて思ったこと。それは自分が何も分かっていないということ。さらに無力《むりょく》であるということ。だから、お年寄《としよ》りたちから振《ふ》り回《まわ》されっぱなし。でもそれって悪いことじゃないと思う。何も分かっていないことと、無力《むりょく》であることを自覚《じかく》すると素直《すなお》になれるような気がする。素直《すなお》に振《ふ》り回《まわ》される。それって、そう悪くない。

ハッさんは花を盗《と》り続《つづ》け、元校長先生は怒《おこ》り続《つづ》ける。そして、ぼくたちはふたりのあいだで謝《あやま》り続《つづ》ける。

老人ホームは姥《うば》捨《すて》山《やま》!? パート2

縦《たて》六歩×横九歩の部屋《へや》

長い、長い廊下《ろうか》の奥《おく》から二番目。二〇五号室は隔離部屋《かくりべや》だった。縦《たて》六歩×横九歩。その広さに畳《たたみ》が敷《し》き詰《つ》められている。何にもない部屋《へや》。外から鍵《かぎ》をかけることのできる部屋《へや》。そこにはおばあさんがふたり。おじいさんがひとり。寮母室《りょうぼしつ》の真向かいにあるこの部屋《へや》は腰《こし》の高さから上をガラス張《ば》りにしてある。いつでも中のようすが観察《かんさつ》できるように。この部屋《へや》にプライバシーなど存在《そんざい》しないのだ。

部屋《へや》の中央に正座《せいざ》しているのはツイさん、九十二歳《さい》。腰《こし》は直角に曲がり、畳《たたみ》とにら

めっこ。ボサボサに伸《の》びた白髪《はくはつ》はうつむき加減《かげん》の顔を覆《おお》い隠《かく》す。重く垂《た》れ下《さ》がるまぶた。随分《ずいぶん》も前に光を失《うしな》ってしまったのであろう。その瞳《ひとみ》は白濁《はくだく》している。何も見えないはずの瞳《ひとみ》は人の気配がするとギョロギョロと動き回る。

ぼくは食事を持ってその部屋《へや》に入る。「ツイさん、ツイさん」と声をかける。すると「ツイはここよ、ツイはここよ」と大きな声でパン、パンと拍手《はくしゅ》を鳴らす。目の見えないツイさんはよつばいになって辺《あた》りをところかまわずウロウロする。危《あぶ》なっかしくてしょうがない。どうやらそのことがこの隔離部屋《かくりべや》に入らざるを得《え》なくなった理由らしい。

白いご飯《はん》に青魚の煮物《にもの》、セリの白和《しらあ》えと杏仁豆腐《あんにんどうふ》。そして味噌汁《みそしる》。五分たっても箸《はし》をつけない。声をかけてみる。「ご飯《はん》ですよ」。それでも石のように動かない。食事時間は三十分しか与《あた》えられていない。もたもたするうちに残《のこ》り時間十五分を切った。待てなくなったぼくはツイさんの握《にぎ》る箸《はし》を取り上げてセリの白和《しらあ》えを口に運ぶ。〝きゅうっ〟と口をすぼめ、顔を横にそむけた。食べてくれない。

簡単《かんたん》に食事をとらないツイさんにつきあうこと、それがぼくの日課《にっか》となった。試行《しこう》錯誤《さくご》の末《すえ》に見つけ出した。どう声をかければスムースに食事が始まるのか。「ツイさん、これは博多《はかた》で三本の指に入る板前さんがつくったお吸《す》い物《もの》ですよ」。そう言うと、あの白濁《はくだく》した眼《まなこ》をカッと見開き、ゴクゴクと汁物《しるもの》を飲《の》み干《ほ》す。そして、こうつぶやく。「ふむ、甘《あ》もうもなし、辛《か》ろうもなし、え〜あんばい。わたくしはカミタマ村のツイと申します。ぜひ、一度、おいでてね」。

留吉《とめきち》さんの団子《だんご》

そこには、留吉《とめきち》さんもいた。浅黒《あさぐろ》い肌《はだ》の色。白髪《しらが》の坊主《ぼうず》頭《あたま》。歯のない口を大きく開けて退屈《たいくつ》そうにあくびする。不精《ぶしょう》に伸《の》びた短い髭《ひげ》を擦《こす》りながら一言。「ほう、なるほどねぇ」。何が「なるほど」なのかよく分からないけれど。「ほう、なるほどねぇ」と定期的《ていきてき》に繰《く》り返《かえ》す。横に座《すわ》ると、目を細めてじ〜っとぼくを見る。あごを擦《こす》りながらぐっと目に力を入れてぼくの瞳《ひとみ》をのぞき込《こ》む。そして「なるほどねぇ」。

暴力行為《ぼうりょくこうい》あり。ケース記録《きろく》にはそう記されている。それが隔離部屋《かくりべや》に入る理由だった。留吉《とめきち》さんはときどき暴《あば》れた。どうして暴《あば》れるのか？　トイレの場所が分からないのでウロウロする。やがて我慢《がまん》ができなくなる。だから廊下《ろうか》の隅《すみ》で立《た》ち小便《しょうべん》をする。それを見つけた寮母《りょうぼ》さんが慌《あわ》てて止める。すると留吉《とめきち》さんは怒《おこ》り出《だ》す。つい手が出る。それが暴力行為《ぼうりょくこうい》の正体だ。

廊下《ろうか》で立《た》ち小便《しょうべん》をし、職員《しょくいん》に暴力《ぼうりょく》を振《ふ》るう留吉《とめきち》さんは、オムツを当てられ隔離部屋《かくりべや》に入れられる。それでもオムツを自分で外して立《た》ち小便《しょうべん》をし続《つづ》ける。とうとうオムツが外せないように拘束服《こうそくふく》が着せられた。車の整備工場《せいびこうじょう》で働《はたら》く人が着ているような服。鍵付《かぎつ》きのファスナーが背中《せなか》についているので自分では外せない仕組み。ぼくたちはそれを「宇宙服《うちゅうふく》」と呼《よ》んでいた。留吉《とめきち》さんは隔離部屋《かくりべや》に閉《と》じ込《こ》められると同時に「宇宙《うちゅう》服《ふく》」の中にも閉《と》じ込《こ》められていた。

けれど、留吉《とめきち》さんは負けていない。左の足首の裾《すそ》からオムツを引《ひ》っ張《ぱ》り出《だ》す。そして団子《だんご》を作るのさ。それはウンコの団子《だんご》。ていねいに丸められたその団子《だんご》はおはぎ餅《もち》と見間違《みまちが》えるほど美しくおいしそうだった。「あら！　なんでこんなところにおはぎ餅《もち》があるとやろか？」。思わず拾った寮母《りょうぼ》さんは悲鳴を上げる。「ぎゃあ～」。それを横目に留吉《とめきち》さんが一言。「ほ～っ、なるほどねぇ」。

あのときは分からなかった。隔離部屋《かくりべや》に入れられることも、拘束服《こうそくふく》を着せられることもしかたのないことだと思っていた。でも今なら分かる。ぼくたちは留吉《とめきち》さんをトイレに誘《さそ》うお手伝《てつだ》いをすべきだったのだ。おしっこやうんこが出る前にトイレに誘《さそ》う。そうすれば、気持ちよく過《す》ごせたのだ。「隔離部屋《かくりべや》と宇宙服《うちゅうふく》」、そんな二重の抑制《よくせい》を受けることもなかったのだと。

十六人のオムツ交換《こうかん》

隔離部屋《かくりべや》。それは過酷《かこく》な部屋《へや》だった。けれどね、ぼくはそこに入ると不思議《ふしぎ》に気持ちが安らいだんだ。だってそこでは時間が止まっていたから。朝、昼、夜。いつ行ってもその部屋《へや》の風景《ふうけい》は変《か》わらなかった。ツイさんはカミタマ村の話をしている。「カ

留吉さんの團子
あら こんなところに おはぎが…
……
ホカホカ
ギャア!
ほぉ… なるほどね

ミタマ村にキツネが出るそう〜」。留吉《とめきち》さんはあごを撫《な》でながら「ほう、なるほどねぇ」。もうひとりのおばあさんのヨネさんはツイさんと留吉《とめきち》さんのまわりを歌いながらぐるぐると回《まわ》り続《つづ》ける。「すっととん、すっととん、と通わせて〜♪」。いつ見ても同じ光景《こうけい》のあるその部屋《へや》は、時間が止まって見えた。

けれど、その部屋《へや》を一歩出れば、めまぐるしく時間が流れていた。四人のお年寄《としよ》りの食事介助《かいじょ》を一人でおこなう。三十分で食べきれない人は途中《とちゅう》でタイムアップ。五十人のお年寄《としよ》りたちが一時間三十分でお風呂《ふろ》に入る。「いい湯だなぁ」なんて言ってられない。「自立」「準自立《じゅんじりつ》」「準寝《じゅんね》たきり」「寝《ね》たきり」「痴呆《ちほう》」。介護《かいご》しやすいように能力《のうりょく》に応《おう》じたグループがつくられる。そして、それぞれがいっせいにご飯《はん》を食べて、いっせいにお風呂《ふろ》に入る。いっせいにオムツを換《か》えて、いっせいに寝《ね》る。それを定刻通《ていこくどお》りにおこなう。

ぼくはたったひとりで十六人のオムツを交換《こうかん》したことがある。最初《さいしょ》はゆっくり、ていねいに。八人を過《す》ぎたあたりから時間が気になり始める。太郎《たろう》さんのオムツ交換《こうかん》をしているにもかかわらず、頭の中は次の人のことを考えている。時間との競争《きょうそう》。ようやく十六人目が終わったその瞬間《しゅんかん》、換《か》えたばかりのオムツの中から排泄音《はいせつおん》がする。長年の経験《けいけん》から分かっている。この音は確《たし》かに用の足されたときの音。「知らなかったことにしておけ。お前は予定通りにオムツを交換《こうかん》し終えたのだ」。そう心の中で誰《だれ》かがささやく。

ある寮母《りょうぼ》さんがオムツ交換《こうかん》の最中《さいちゅう》におじいちゃんのお尻《しり》を叩《たた》いた。おじいちゃんが抵抗《ていこう》してオムツを換《か》えさせてくれなかったから。叩《たた》いた寮母《りょうぼ》さんの顔は一瞬《いっしゅん》だったけど、とても怖《こわ》く、悲しい表情《ひょうじょう》をしていた。人を叩《たた》くことは悪いこと。でもね、その寮《りょう》母《ぼ》さんを悪い人だと決めつけられなかった。家に帰れば夫《おっと》の健康《けんこう》を心配し、子どものために朝早く起きて弁当《べんとう》を詰《つ》める、そんな優《やさ》しいお母さん。限《かぎ》られた時間の中ですべてが早く終わること。ぼくたちの仕事の価値《かち》はそこにおかれていた。そんな環境《かんきょう》はそこで暮《く》らすお年寄《としよ》りをだめにした。そこで働《はたら》く職員《しょくいん》をだめにした。

老《お》いのゆっくりタイム

きっとね、隔離部屋《かくりべや》はそういった目まぐるしい社会の時間から隔離《かくり》されていたんだ。他者から閉《と》じ込《こ》められるといった過酷《かこく》な生活環境《せいかつかんきょう》であるにもかかわらず、時間だけはゆっくりと流れていた。きっとこの部屋《へや》に流れる時間が「老《お》いの時間」なのだ。

隔離部屋《かくりべや》の中だけじゃない。ウメさんは手のひらサイズのアンパンを食べるのに四十分をかけた。タメノさんは茶碗《ちゃわん》に盛《も》られた白飯《しろめし》を一粒《つぶ》ずつ食べる。器用《きよう》に箸《はし》で摘《つ》まんでね。だから自分で食べると二時間近くかかるんだ。空に飛行機《ひこうき》を見つけると動かなくなるミツ子さんは十メートル歩くにも十分以上《いじょう》を要《よう》した。本好《ほんず》きのイチロウさんは読んでも読んでも「行」を読《よ》み間違《まちが》えるので、一ページ進むのに数時間を費《つい》やしているようだった。けれど、お年寄《としよ》りたちはそのことを苦にしているようには見えなかった。どんなに時間がかかっても自分のペースで成《な》し遂《と》げた。

それを待てないのは、ぼくたち職員《しょくいん》のほうだった。スピードと効率《こうりつ》を重視《じゅうし》するぼく

老人時間

ノロノロ
ノロノロ
ノロノロ
ノロノロ
ノロノロ
ノロノロ
ノロノロ
ノロノロ
ノロノロ
ノロノロ
ノロノロ
ノロノロ
ノロノロ
ノロノロ
ノロノロ
ノロノロ
ノロノロ
ノロノロ
ノロノロ
ノロノロ
ノロノロ
ノロノロ
ゴクン
ノロノロ

たちの介護《かいご》は、お年寄《としよ》りの持つペースとリズムをことごとく乱《みだ》し、それぞれの世界を破壊《はかい》した。ウメさんのアンパンをミキサーにかけてドロドロにする。自分で食べるタメノさんから箸《はし》を取り上げて白飯《しろめし》を口に押《お》し込《こ》んだ。飛行機《ひこうき》を眺《なが》めるミツ子さんを車《くるま》椅子《いす》に乗せ、あっという間に目的地《もくてきち》へと運びさり、彼女《かのじょ》から空の世界を奪《うば》う。本があると何かにつけてことがスムースに進まないからと、イチロウさんの本を隠《かく》した。

ぼくたちは優《やさ》しいまなざしで言葉をかける。「あなたらしく生きてください。生きがいを持ってください」と。そううたいながらも、ぼくたちの時間についてこれず、問題ばかり引き起こすお年寄《としよ》りたちを隔離部屋《かくりべや》に入れる。「あなた」の必要《ひつよう》とする時間を大切にすることもせずに。

カミタマ村にはキツネが出るそう。

ツイさんは、今日も話をする。「わたくしはね、山口県豊浦郡《とようらぐん》カミタマ村からまいりました。カミタマ村にはキツネが出るそう。ただのキツネじゃないそう。そのキツネは人をだますそう」。いつもキツネの話。カミタマ村には角の豆腐屋《とうふや》が暮《く》らしている。豆腐屋《とうふや》はその強欲《ごうよく》さに付《つ》け込《こ》まれ、キツネにだまされて橋から落ちて死ぬというストーリー。白眼《しろまなこ》をギョロギョロさせて、しわがれながらも太く低《ひく》い声とその口調で語られる話には人を引《ひ》き込《こ》む力があった。カミタマ村というより八墓村《やつはかむら》といった雰囲《ふんい》気《き》。とにかく、明日《あす》はどんな話が待ち受けていることだろう。キツネはどんな悪さをするのだろうか。それがささやかな楽しみ。

「さあ、ご飯《はん》ですよ」。キツネの話に期待を寄《よ》せながら配膳《はいぜん》する。ツイさん、いつものように汁物《しるもの》を飲《の》み干《ほ》す。ひと息おいて語り始めた。「カミタマ村にはキツネが出るそう……」。期待はみごとに裏切《うらぎ》られた。また、あの豆腐屋《とうふや》の話だったから。つぎの日も、またつぎの日も豆腐屋《とうふや》は橋から落ちて死ぬ。なんだ、今日もあの豆腐屋《とうふや》か。あれだけ楽しみに思っていたはずの話も毎回、同じことが繰《く》り返《かえ》されるとうんざり。

老人介護《ろうじんかいご》って同じことの繰《く》り返《かえ》し。起きる。食べる。歩く。おしっこする。うんこする。話す、見る、聞く、(匂《にお》いを)嗅《か》ぐ、触《さわ》る、働《はたら》く、遊ぶ、風呂《ふろ》に入る、そして寝《ね》る。人の暮《く》らしって、同じことの繰《く》り返《かえ》しが基盤《きばん》となって成《な》り立《た》っている。ぼくたちはその基盤《きばん》につき合っている。でも、その繰《く》り返《かえ》し、繰《く》り返《かえ》されることが大切なんだ。アンパンは生地《きじ》とあんこが二層《そう》になっているからおいしいんだ。空の飛行機《ひこうき》は太陽の光を受けてたまにピカリと光るんだ。そして、米粒《こめつぶ》のひとつひとつを噛《か》みしめて食べる。本の「同じ行」を熟読《じゅくどく》する。何をどう繰《く》り返《かえ》すのか。ぼくたちはそのことにつき合っている。

ごくたまに、ツイさんは違《ちが》う話をした。そう、それはそれはごくたまに。豆腐屋《とうふや》が登場しないで、庄屋《しょうや》さんがだまされる。（ツイさん、なぜ今日は話が違《ちが》うのさ？　何かあったのかい？　ぼくにはいつもと変《か》わらぬ生活に見えるのに……）。ぼくにとって、この小さな変化《へんか》は大きな発見。ほんの少しワクワクして、隔離部屋《かくりべや》を出る。

ジョーズばあさん、探《さが》しものは何ですか？

九十三歳《さい》のウメノさんはいつも探《さが》しものをしている。明治《めいじ》の生まれの女性《じょせい》にしては、そのからだは当時の常識《じょうしき》を超《こ》えていただろう。とにかく大きくがっちりしている。その大きなからだを歩行器《ほこうき》にもたれかけさせて廊下《ろうか》を行ったり来たり。ウメノさんに見つかると最後《さいご》、逃《のが》れられない。「おにいちゃま！　おにいちゃま！」と声を上げて追いかけてくる。

ぼくはウメノさんの姿《すがた》を見つけると、とりあえず逃《に》げることにしている。なぜなら盗《と》られ妄想《もうそう》の持ち主だったから。「おにいちゃま！　おにいちゃま！　シュミーズがないとたい。あたいのシュミーズが」。これが数分おきにやってくる。つきあっても、つきあっても数分後には「おにいちゃま！」。だからとりあえず逃《に》げる。逃《に》げて逃《に》げて、逃《に》げ切《き》れなかったときにつきあうことにしていた。

それを知ってかウメノさんの執念《しゅうねん》もすさまじい。ぼくの姿《すがた》を見つけるや否《いな》や、カランカラン、カランと歩行器《ほこうき》の車輪《しゃりん》を鳴らして追ってくる。その姿《すがた》が、どこか「ジョーズ」という映画《えいが》に出てくる鮫《さめ》のようなので、ぼくはひそかにジョーズばあさんと呼《よ》んでいた。そしてつかまったら最後、観念《かんねん》する。

「どうしたとね」。「シュミーズがないとたい。盗《と》られた」。「はい、はい」ぼくはウメノさんと四〇五号室へと向かう。そして一緒《いっしょ》にシュミーズを探《さが》す。「どれ、どれ、これと違《ちが》うとね？」「違《ちが》う、違《ちが》う」。「じゃあ、これね？」。そんなやりとりを十数分続《つづ》けた後、最初《さいしょ》に見せたシュミーズを見せて「あった、あった、これやろ」と手渡《てわた》すと「ああ、これこれ」と一件落着《いっけんらくちゃく》。なくなってもいないものを探《さが》すことは容易《ようい》ではない。

あたいらここに捨《す》てられたとばい。

そのジョーズばあさんが珍《めずら》しく、ぼくの姿《すがた》を見ても追ってこない。あるおじいさんと一緒《いっしょ》に、老人《ろうじん》ホームの玄関《げんかん》ロビーから外を眺《なが》めている。そのおじいさんは八十八歳《さい》。名前はサブロー。からだは固《かた》く硬直《こうちょく》し、歩く姿《すがた》がぎこちない。固《かた》まった足の指はサンダルの鼻緒《はなお》を上手《うま》く挟《はさ》むことができない。だからよく転んだ。

柿農家《かきのうか》のサブローさんは柿《かき》づくりの名人だった。その仕事をとうの昔に引退《いんたい》したはずなのに、秋になると柿《かき》のことが気になり始める。老人《ろうじん》ホームの隣家《りんか》の庭になる柿《かき》を

シュミーズがない

見つけると、いてもたってもいられない。「柿《かき》が俺《おれ》を呼《よ》んでいる」とばかりに老人《ろうじん》ホームから抜《ぬ》け出《だ》そうとする。だからぼくはサブローさんのことをひそかに「柿《かき》じいさん」と呼《よ》んでいた。いつ抜《ぬ》け出《だ》してやろうか。その機会《きかい》を狙《ねら》い続《つづ》けるサブローさん。

「いつも、父が迷惑《めいわく》をかけています」。面会に来る娘《むすめ》さんは申《もう》し訳《わけ》なさそうに謝《あやま》る。

「柿畑《かきばたけ》が気になるようです。一度、おじいちゃんと一緒《いっしょ》に柿畑《かきばたけ》に行ってもいいですか」と娘《むすめ》さんに相談すると、「いや、おじいちゃんもいなくなって、すっかり畑は荒《あ》れとるとです。畑に行ってもがっかりするだけでしょう」。そう言って目を伏《ふ》せた。

玄関《げんかん》ホールでは、何やらジョーズばあさんが柿《かき》じいさんを諭《さと》している。「じいちゃん、あんた、ここから出たらつまらんばい。どうせ、あたいらはここに捨《す》てられたとばい。あきらめな」。ぼくはふたりに近づくことができなかった。離《はな》れることもできなかった。そんなぼくの視線《しせん》をよそに、ジョーズばあさんと柿《かき》じいさんは、じ〜っと外を見続《みつづ》けていた。

生きることにつきあう！　パート1

柿《かき》どろぼうがおる！

老人《ろうじん》ホームをひどいところだと思ったかい？　姥捨《うばす》て山《やま》だと思ったかい？　でも、老人《ろうじん》ホームで巻《ま》き起《お》こる数々のできごとたちは、けっして別世界《べっせかい》のものではないよ。あれはぼくたちの町のありようが投影《とうえい》されたものであり、君たちの町のありようが映《うつ》し出《だ》されただけなのさ。そう、ぼくたちの生活と切《き》り離《はな》された特別《とくべつ》なできごとではないんだ。老人《ろうじん》ホームは日本の社会や地域《ちいき》、そして家庭のありようが象徴的《しょうちょうてき》に顔を出しているところ。

そして問題の解決《かいけつ》って、「これは問題だ」と気がつき、みんながそれを認《みと》めることから始まる。だから、ぼくたちは気がついた。そして認《みと》めた。お年寄《としよ》りを抜《ぬ》きにして効率《こうりつ》ばかりを追及《ついきゅう》した介護《かいご》をおこなっていたことを。大切なのは「老《お》いの時間」が流れる老人《ろうじん》ホームであること。「食べる」「排泄《はいせつ》する」「入浴《にゅうよく》する」「眠《ねむ》る」。毎日、繰《く》り返《かえ》される基本的《きほんてき》な行為《こうい》がその人のリズムでおこなわれるようにと取り組んだ。人を隔《かく》離《り》したり抑制《よくせい》したりしないことに取り組んだ。そして一緒《いっしょ》に生活を楽しもうとした。

あれは、みんなで干《ほ》し柿《がき》を作ったときのこと。元校長先生の花を盗《ぬす》む、あのハッさんも参加《さんか》した。けれど「ぼけ」を抱《かか》えたハッさんが包丁《ほうちょう》で柿《かき》の皮を剥《む》くのは危《あぶ》ないし、どうせできないだろうと思っていた。するとどうだろう。ハッさん、何も言わずに包《ほう》丁《ちょう》を手に取り次々と渋柿《しぶがき》の皮を剥《む》き始《はじ》める。その速さとていねいさにどの職員《しょくいん》もかなわない。あのときのハッさんの顔はね、いつも怒《おこ》られてばかりいるハッさんとは別人《べつじん》だったよ。凛《りん》とした顔。元校長先生も「ほう、たいしたもんだ」と舌《した》を巻《ま》いた。

そうして二カ月足らずで、渋柿《しぶがき》は深く甘《あま》みを増《ま》した干《ほ》し柿《がき》へと姿《すがた》を変《か》えた。あるときから、軒《のき》にぶら下がる柿《かき》が少しずつなくなるので「柿《かき》どろぼうがおる」とみんなが騒《さわ》ぎ出《だ》した。犯人《はんにん》は誰《だれ》か最後《さいご》まで分からなかった。けれど、みんなでつくった干《ほ》し柿《がき》はとてもおいしかった。

涙《なみだ》のお別《わか》れなのに……

特別養護《とくべつようご》老人《ろうじん》ホームを退職《たいしょく》することになったとき、ぼくは挨拶《あいさつ》に行った。あのリポビタンDばあさんのところへ。八年間もお世話になったんだもの。リポビタンDばあさんは何かとぼくを可愛《かわい》がってくれた。お金もないのにぼくの好《す》きな桃《もも》を買《か》い込《こ》んだりして。いつ皮が剥《む》かれたのだろうか、桃《もも》は茶色に変色《へんしょく》していた。それを「食べろ」と言ったり（うむ～、この桃《もも》は傷《いた》んでいるのではなかろうか）。まあそんな調子で可愛《かわい》がってくれたのだ。

「もう辞《や》めるんだよ」と伝《つた》えるとリポビタンDばあさんは泣《な》いた。視力《しりょく》を失《うしな》った片目《かため》からもたくさんの涙《なみだ》がこぼれる。ぼくも思わず泣《な》いた。短いお別《わか》れをして部屋《へや》を出ようとした瞬間《しゅんかん》、おばあさんはぼくを呼《よ》ぶ。「にいちゃん！　にいちゃん！」。いつものように。「はい」。おばあさんのところに戻《もど》る。

「あんた、どうせ辞《や》めるなら、壁《かべ》に掛《か》かる時計《とけい》をもう少し上にあげてから辞《や》めちゃんない」。耳を疑《うたが》った。だって、さっきまで一緒《いっしょ》に泣《な》いていたのに。なんという「したたか」さ。あの涙《なみだ》の別《わか》れをさておいて、自分の生活をしっかり守り創《つく》ろうとする力。こりゃ、かなわないや。

そりゃそうさ。リポビタンDばあさんは太平洋戦争《たいへいようせんそう》で二人の息子《むすこ》を失《うしな》った。大切な人を失《うしな》っても、九十八歳《さい》を迎《むか》えるまで生きた。ぼくとの別《わか》れでへこたれるぐらいならこんなに長生きしないね、きっと。ほかのお年寄《としよ》りたちも同じ。H_2Oじいさん、ハッさん、ツイさん、留吉《とめきち》さん、ジョーズばあさんに柿《かき》じいさん。どんな環境《かんきょう》が待ち受けていてもお年寄《としよ》りたちは声高《こわだか》に何かを訴《うった》えたりしなかった。声なき声を発しながら黙々《もくもく》と生きている。

どうやらぼくは勘違《かんちが》いをしていたようだ。老人《ろうじん》ホームで暮《く》らすお年寄《としよ》りたちはか弱

さよなら
やめることになりました
そうですかそうですか
それではさよなら・・・・
ちょっとまった
やめるなら時計をまっすぐにしてってくれない？

くてかわいそうな存在《そんざい》だと思っていた。老人《ろうじん》ホームを辞《や》める決心をしながらも、ぼくがいなくなったらお年寄《としよ》りたちは随分《ずいぶん》と困《こま》るだろうと考えていた。そんなことはない。リポビタンDばあさんはもうひとつのメッセージをひそかにくれた。「おまえがいなくても大丈夫《だいじょうぶ》。次がまた来る」。そう、ぼくが去ればまた新しい職員《しょくいん》がやって来る。そして、その職員《しょくいん》と一緒《いっしょ》に自分の生活を創《つく》っていくんだ。きっと廊下《ろうか》を通る新人職《しょく》員《いん》に声をかける。「にいちゃん、にいちゃん」ってね。別《わか》れと出会いを繰《く》り返《かえ》しながら、たくましく生きていくんだ。

野垂《のた》れ死《じ》にする覚悟《かくご》で生きとる。

あるマンションの一室におばあさんが住んでいた。ノブヲさん九十二歳《さい》。夫《おっと》は他界し子どももいない。たったひとりで暮《く》らしていた。ひどい物忘《ものわす》れを抱《かか》えながら。だからよくガスコンロの火を消《け》し忘《わす》れた。ときおり「ぼや騒《さわ》ぎ」を起こす。同じマンションの住民《じゅうみん》は気が気ではない。いつの日か大きな火事になるのではないか。そうなる前にノブヲさんに老人《ろうじん》ホームに入ってもらおう。それがマンション住民《じゅうみん》の一致《いっち》した意見。

しかしながらノブヲさんにそのつもりはない。明治《めいじ》生まれの人ってね、大正《たいしょう》生まれの人とも昭和《しょうわ》生まれの人とも違《ちが》う雰囲気《ふんいき》がある。まず凜《りん》としている。気骨《きこつ》があって愚痴《ぐち》を言わない。そのかわり人の言うこともきかない。そんな感じ。明治《めいじ》生まれの人は「人の世話にならぬように」、そう教育されてきた人が多い。ノブヲさんもその一人。だから老人《ろうじん》ホームへの入所はありえない話。誰《だれ》が説得《せっとく》しても納得《なっとく》しない。

元老人《もとろうじん》ホームの職員《しょくいん》だった恵美子《えみこ》さんが説得役《せっとくやく》に選《えら》ばれた。玄関《げんかん》のベルを鳴らす。

しばらくしてノブヲさんが顔を出す。腰《こし》は直角に曲がり、顔は膝《ひざ》のあたりにある。浴衣《ゆかた》は着崩《きくず》れて大きなお乳《ちち》がブラブラと垂《た》れ下《さ》がっているのが見える。伸《の》び放題《ほうだい》の白髪《しらが》は腰《こし》にかかり顔を覆《おお》い隠《かく》す。その奥《おく》からじろりと光る目からは猜疑心《さいぎしん》が、お尻《しり》のあたりからはオシッコの臭《にお》いが満《み》ちあふれてくる。恵美子《えみこ》さんは少したじろぎながら説得《せっとく》を始める。「ノブヲさん、老人《ろうじん》ホームはそう悪いところではないですよ。食事をつくってくれるし、お風呂《ふろ》だって入れてくれる。今より随分《ずいぶん》と楽な生活がありますよ」と。

「だいたいあんた誰《だれ》な？　見も知らぬ人間がいきなりやって来て老人《ろうじん》ホームに入れと言う。わたしはここで野垂《のた》れ死《じ》ぬ覚悟《かくご》で生きとる。いたらんこったい（余計《よけい》なこと）」とたんかを切るノブヲさん。その言葉を聞いた恵美子《えみこ》さんは驚《おどろ》いた。その気骨《きこつ》に心ひかれた。そしてこう思った。「野垂《のた》れ死《じ》につき合ってみよう」と。

舌《した》を噛《か》んで死んでやる。

あの人のことを思い出す。九十年以上《いじょう》生きてきたチワさん。身内のいない一人暮《ひとりぐ》らし。冬になると調理用のガスコンロで暖《だん》を取る。そのことを知った近所の人や福祉《ふくし》の関係者《かんけいしゃ》は大きな火事を起こす前に老人《ろうじん》ホームに入ってもらおうと話し合った。チワさん抜《ぬ》きで。

あの手この手で説得《せっとく》するがこれが、だめ。老人《ろうじん》ホームへの入居《にゅうきょ》を勧《すす》めれば勧《すす》めるほどチワさんはかたくなになる。そしてたんかを切る。「そんなところに行くぐらいなら、舌《した》を噛《か》んで死んでやる」。この言葉を聞いたぼくたちは手も足も出ない。さあ、どう説得《せっとく》すればその気になるのか、いく度となく話し合っても妙案《みょうあん》がない。するとひとりがひらめいた。「そうだ、チワさんは舌《した》を噛《か》んで死ぬと言っているけれど、もう歯がなくなっているから舌《した》を噛《か》んでも死なんよ」とつぶやいた。するとみんなも「そう、そう、死なん、死なん」とつぶやき返す。

「温泉《おんせん》に行きましょう」。チワさんに話を持ちかけてその気にさせた。老人《ろうじん》ホームのお風呂《ふろ》に入りそのまま居室《きょしつ》に連《つ》れていく。するとチワさん大騒《おおさわ》ぎ。「看護婦《かんごふ》さん！看護婦《かんごふ》さん！」と叫《さけ》び続《つづ》け眠《ねむ》らない。ナースコールをマイク代わりに「看護婦《かんごふ》さん！」。

考えてみりゃ、あれは拉致《らち》だった。本人はその気もないのにだまされて老人《ろうじん》ホームに連《つ》れてこられた。見も知らぬ場所で見も知らぬ人と、「今日からここで生きてください」と優《やさ》しく強制《きょうせい》される。でも、あれは「社会」がチワさんのためにおこなった精《せい》一杯《いっぱい》の善意《ぜんい》。

チワさん、おかしくなった。ひとりで家にいるときよりもおかしくなった。「ぼけ」を抱《かか》えたチワさんが自宅《じたく》で火事にあわぬようにと配慮《はいりょ》して、老人《ろうじん》ホームに入ってもら

チワさん
老人ホームに入るくらいなら舌かみ切って死んでやる！
それなら大丈夫よ…
歯がないですから…

った。そして身の安全は守れたけれど、チワさんの「ぼけ」はますます進む。

あたきの入れ歯を返せ！

さて、「野垂《のた》れ死《じ》に」のノブヲさんの家に通っていたのは恵美子《えみこ》さんが初《はじ》めてではない。以前《いぜん》、訪問介護《ほうもんかいご》のヘルパーさんがお手伝《てつだ》いのために顔を出していた。ある日のこと、事件《じけん》は起きた。ノブヲさんが財布《さいふ》を開くとお金がない。確《たし》かに入れていたはずのお金が。これは一大事。探《さが》してはみるものの見つからない。「あの人だ、あの人に違《ちが》いない」。ノブヲさんが思《おも》い浮《う》かべた顔とは、ヘルパーさんの顔。

九十歳《さい》を越《こ》えたノブヲさんの自宅《じたく》に訪《おとず》れてくれる人は誰《だれ》もいない。そう、ヘルパーさんだけ。何かと生活の手伝《てつだ》いをしてくれるヘルパーさんにノブヲさんは信頼《しんらい》を寄《よ》せていたようだった。感謝《かんしゃ》の気持ちでお金を渡《わた》す。でもね、ただ「ありがたい」という気持ちだけではなかったみたい。「人様のお世話になりたくない」という気持ちの強いノブヲさんは、お金を渡《わた》すことでその負い目を消そうとしてるようだった。ヘルパーさんはノブヲさんの面子《めんつ》を立てるためにお金をいったん頂《いただ》いておく。そして、こっそりとノブヲさんのもとに戻《もど》していたんだ。

「物忘《ものわす》れ」のあるノブヲさんは自分からヘルパーさんにお金を渡《わた》したことを忘《わす》れている。だからお金がなくなったと思う。探《さが》しても見つからなければ誰《だれ》かが盗《ぬす》んだと思う。そこで「どろぼう！」ということになる。う〜ん、残念《ざんねん》。人と人のあいだに信頼関係《しんらいかんけい》ができると楽しくなるはずなのに、かえって関係《かんけい》が壊《こわ》れちゃった。

さらに疑《うたが》いは疑《うたが》いを呼《よ》ぶ。「あんた、あたきの入れ歯をとったろう」と。ヘルパーさんだって人間だもの。つい言い返す。「誰《だれ》があなたの入れ歯をとりましょうか。わたしは自分の歯で間に合っています」。するとノブヲさん。「あの入れ歯には金が入っとった」と眉間《みけん》にしわを寄《よ》せる。これだけでは終わらないこともある。ときには警察《けいさつ》を呼《よ》んでしまったりするので、ノブヲさんの家には誰《だれ》も行けなくなる。

入れ歯どろぼう

あたしの入れ歯をとったろう？？
とりません！
自分の歯でまにあってます
とったろう？？
とりません！
アレには金が入ってたんじゃ!!
ヒイイイ!!

チチちゃんの鳴き声

「ひとりぼっち」なんだな。ノブヲさんは。訪《たず》ねてくれる人もいない。出かける場所もない。大きな金庫と、その横に並《なら》ぶテレビをにらめっこする生活。老人《ろうじん》ホームに入ることをかたくなに拒否《きよひ》し続《つづ》けたノブヲさんは、地域社会《ちいきしやかい》から隔離《かくり》されることはなかった。けれど、地域社会《ちいきしやかい》と隔絶《かくぜつ》して生きている。人は孤独《こどく》には耐《た》えられるかもしれない。でも孤立《こりつ》には耐《た》えられないよ。

だから友達《ともだち》をつくった。それはチチちゃん。名前はノブヲさんがつけた。チチちゃんはいつも「チチチチチ……」と鳴く。とくに深夜は鳴き声がよく聞こえるそうだ。チチちゃんはときどき、ものすごく大きな声で鳴く。「ウワ〜ン」てね。ノブヲさん、チチちゃんのお腹《なか》が空《す》かぬようにと餌《えさ》もやった。お米を鳴き声のする方にまいておく。いったいノブヲさんはどんな生き物を飼《か》っているんだろう。不思議《ふしぎ》。

ついに恵美子《えみこ》さんに、その正体を知るときがきた。「チチちゃんを殺《ころ》してしまった」

と悲しむノブヲさん。いつもお米をまく場所にゴキブリの死骸《しがい》。チチちゃんはゴキブリだったのか。待てよ、ゴキブリが「チチチチ」とか「ウワ～ン」って鳴くかな？ゴキブリの横には時計《とけい》がひとつ。チチちゃんは目覚《めざ》まし時計《どけい》？「チチチチ」が秒針《びょうしん》の音？「ウワ～ン」が目覚《めざ》ましの音？よく分かんないけどチチちゃんは目覚《めざ》まし時計《どけい》。

南無阿弥陀仏《なむあみだぶつ》、南無妙法蓮華経《なむみようほうれんげきよう》、なんまいだ～、アーメン。

信頼関係《しんらいかんけい》ができたら要注意《ようちゅうい》。これはかつて通っていたヘルパーさんとノブヲさんの関係《かんけい》から得《え》た教訓《きようくん》だ。「あんた、あたきの養女《ようじょ》になんない」。ノブヲさんは恵美子《えみこ》さんにそう頼《たの》み、お金を握《にぎ》らせようとする。これは信頼関係《しんらいかんけい》が築《きず》けた証《あかし》。こうなるといつか恵美子《えみこ》さんを「どろぼう」と叫《さけ》ぶ日も近い。お金を渡《わた》したことを忘《わす》れて……。

さあ、どうしたものか、そうだ。ノブヲさんを外の世界に連《つ》れ出《だ》そう。訪《たず》ねてくる人もいない。ぼや騒《さわ》ぎと悪臭《あくしゅう》の元である困《こま》った住人として、誰《だれ》からも歓迎《かんげい》されない孤《こ》

チチちゃん
チチチ…
チチチ…
チチチ…
チチチ…
ウワーン
ウワーン
チチちゃん エサよエサよ

立《りっ》した存在《そんざい》。「ひとりぼっち」。そんな世界から、会いたい人のいる世界、出かけたい場所のある世界へ、ノブヲさんを連《つ》れ出《だ》そう。

そうこうして、マンションの一室から抜《ぬ》け出《だ》すことのできるもう一つの世界として、「宅老所《たくろうじょ》よりあい」が誕生《たんじょう》した。

最初《さいしょ》はとあるお寺のお茶室からスタート。そのお寺には「ぼけ」を抱《かか》えたおばあちゃんがいた。ハツエさん。ともに九十歳《さい》を越《こ》えたノブヲさんとハツエさんのふたりは、ここで出会うことになる。するとね、口コミでやって来るお年寄《としよ》りが続々《ぞくぞく》と増《ふ》え、お茶室は狭《せま》すぎてお寺の広間へと集《つど》いの場所を移《うつ》す。集まった人はみんな「ぼけ」を抱《かか》えていた。それは行き場がなかったから。その存在《そんざい》が迷惑《めいわく》であるかのようにとらえられる「ぼけ老人《ろうじん》」には居場所《いばしょ》がない。

お茶室から広間へ。そして本堂《ほんどう》と自由に動き回るお年寄《としよ》りたち。そして立派《りっぱ》なご本尊様《ほんぞんさま》に祈《いの》りをささげる。浄土真宗《じょうどしんしゅう》のこのお寺は「南無阿弥陀仏《なむあみだぶつ》」と唱《とな》えることが信仰《しんこう》の証《あかし》。けれどお年寄《としよ》りたちは自由に唱《とな》える。「南無妙法蓮華経《なむみょうほうれんげきょう》」「なんまいだ～」「アーメン」。ご住職《じゅうしょく》も笑《わら》うしかない。

困《こま》ったことは、こんな状態《じょうたい》ではお寺のご法事《ほうじ》ができないこと。そこで同じ敷地《しきち》にある幽霊屋敷《ゆうれいやしき》のような大正時代《たいしょうじだい》の家を「使っていいよ」とご住職《じゅうしょく》からありがたい提案《ていあん》があった。バザーをやって改修費《かいしゅうひ》づくり。通ってくるお年寄《としよ》りたちの家族をはじめ地域《ちいき》の人たち、老人福祉《ろうじんふくし》、医療《いりょう》、保健婦《ほけんふ》さんといった関係者《かんけいしゃ》が協力《きょうりょく》して、かつての「幽霊《ゆうれい》屋敷《やしき》」を人が集《つど》うことのできる場所にした。

ノブヲさんに聞いてみた。「『託老所《たくろうじょ》よりあい』という名前にしようと思います」。すると「託《たく》」の字を指差《ゆびさ》して「年をとれば人様のお世話にならんといけんことは重々承知《しょうち》している。けれど八十年、九十年と生きてきた人間を『託《たく》する』というのはいかがなものか。ひとひねりしなさい」。ノブヲさんはそう言った。そこでひとひねり。自宅《じたく》のようにその人らしく集《つど》える居場所《いばしょ》という願《ねが》いをこめて「託《たく》」を「宅《たく》」に変《か》えよう。そして「宅老所《たくろうじょ》よりあい」のできあがり。特別養護《とくべつようご》老人《ろうじん》ホームを辞《や》めたぼくはまずここで、つぎには「第二宅老所よりあい」で働《はたら》くことになる。

生きることにつきあう！ パート2

落ちる

「トメさんたら、ぎっちょん、ちょんでパイのパイのパイ、パイ子とパナナでパイのパイのパイ〜♪」。高らかな歌声。九十五歳《さい》というのによく通る声は少女のよう。この歌はトメさんのテーマソング。変《へん》な歌でしょ。機嫌《きげん》のよいときはルンルンで歌う。たとえ機嫌《きげん》が悪くてもみんなで歌っているといつの間にかトメさんは上機嫌《じょうきげん》になる。魔法《まほう》のような歌。いつから歌われ始めたのか誰《だれ》も憶《おぼ》えていないけれど気がつくとみんなが歌っていた。

トメさんが第二宅老所《たくろうじょ》よりあいで暮《く》らすようになって、はや三年が過《す》ぎた。そもそも九十二歳《さい》で初《はじ》めて出会ったときは、こんなに元気ではなかった。いや、元気どころか、死にかけていたんだ。山村地域《さんそんちいき》で農家を営《いとな》んでいたトメさんも年を重ねたことでその就労《しゅうろう》から離《はな》れた。のんびりと家の留守番《るすばん》をすることがお仕事。この家に嫁《とつ》いで七十年が過《す》ぎた。物忘《ものわす》れはあっても、住《す》み慣《な》れた我《わ》が家《や》の留守番《るすばん》ぐらいはできる。お隣《となり》さんとは親戚《しんせき》と言ってもよいほどのつきあいを代々続《つづ》けてきた仲《なか》。押《お》し車《ぐるま》をたよりにそこへ顔を出すのが日課《にっか》。そして同じ話を何度となく繰《く》り返《かえ》す。お天道様《てんとうさま》の陽《ひ》の加減《かげん》で「ああ、もうこんな時間」と気がついて「どっこいしょ」と腰《こし》を上げる。そしてあの押《お》し車《ぐるま》をコトコトいわせて我《わ》が家《や》へと戻《もど》るのである。

そんな生活を飽《あ》きることなく続《つづ》けてきたある日、事故《じこ》は起こってしまった。土間に落ちたんだ。土間って分かる？　昔からの農家には家の中に土間があった。作業をしたり、正月が近づくとそこで餅《もち》つきをする。そこに落ちた。土間で伸《の》びているトメさんを見て息子夫婦《むすこふうふ》は救急車《きゅうきゅうしゃ》を呼《よ》ぶ。そのまま入院。

縛《しば》る

入院してひと安心。……とはいかなかった。腰椎《ようつい》の圧迫骨折《あっぱくこっせつ》が疑《うたが》われたトメさんには「安静《あんせい》」が求《もと》められた。「おしっこ」もオムツにすることになった。けれどこれがだめなのだ。トメさんはオムツに「おしっこ」をすることができない。きっと、こう考えたんだろう。「オムツは赤ちゃんがするもの。オムツに「おしっこ」などできません」。少々、腰《こし》が痛《いた》くてもトイレを目指す。

困《こま》ったのは病院の看護師《かんごし》さん。トメさんがフラフラしながらベットから降《お》りようとするものだから、危《あぶ》なっかしくてしょうがない。もし、ひっくり返って足の骨《ほね》でも折《お》ったら大変《たいへん》だ。だからトメさんの身を守るために、からだの拘束《こうそく》に踏《ふ》み切《き》った。ようするに手足を縛《しば》って動けなくしたんだ。とにかく今は安静《あんせい》にして早くケガ（病気）を治《なお》しましょう、早く治《なお》れば家（社会）に帰ることができるから。病院はそう考える。

けれどそうはいかなかった。縛《しば》られたトメさんはとたんにご飯《はん》を食べなくなった。

食事を口に運ぶと真一文字に結《むす》ぶ。やがて見舞《みま》いにやって来る家族の顔が分からなくなった。そして夜起きて昼眠《ねむ》る、昼夜の逆転《ぎゃくてん》が始まる。歩くこともできなくなった。ベットの上から天井《てんじょう》だけを見て生きる。じわじわと衰弱《すいじゃく》するトメさん。

家族も複雑《ふくざつ》な心境《しんきょう》だった。もしこのまま死んでも九十二歳《さい》という年齢《ねんれい》に不足《ふそく》はない。けれど縛《しば》られて死んでいくことを母（トメさん）は自分の人生において予期していただろうか。なにより腰《こし》を少し打ったぐらいで死ぬ人はいない。母はもっと違《ちが》う理由で死んでいくのだ。このまま、緩慢《かんまん》に死んでいく母をただ見守るだけでよいのだろうか。

トメさんがこのまま死んでいくことはしかたのないこと。そう思うかい？　ぼくたちはこう考えた。トメさんは「おしっこ」に行きたかった。腰《こし》は少々痛《いた》くてもなんとか歩いてトイレを目指そうとしていた。ならばそれを手伝《てつだ》おう。まず、トイレまで歩くことを手伝《てつだ》う。次にトイレでおしっこができるように手伝《てつだ》う。縛《しば》り付《つ》けてでも守らねばならないものは安静《あんせい》や安全だったのだろうか。そうじゃないよね。ぼくたちが守らねばならぬものは痛《いた》みをこらえてでもトイレに行こうとするトメさんの意志《いし》。それと、「ジョボ、ジョボ」と音を立てて「おしっこ」するときの爽快感《そうかいかん》。

食べる

よれよれになって第二宅老所《だいたくろうじょ》よりあいにやって来たトメさん。足腰《あしこし》も立たず車椅子《くるまいす》に座《すわ》っている。とても小さいおばあさん。けれど手足だけが大きくてガッチリしている。長年の農作業できっとお日様に当《あ》たり続《つづ》けたのだろう、両腕《りょううで》の皮膚《ひふ》はたくさんのシミに覆《おお》われて深いしわが刻《きざ》まれていた。この手も一生懸命働《いっしょうけんめいはたら》いた手だ。

みんなの集まる居間《いま》に通されたトメさんは深々と頭を下げる。お茶と茶菓子《ちゃがし》を差《さ》し出《だ》されると、手を合わせた。ほかのお年寄《としよ》りたちを見回して「トメと申します。よろしくお願《ねが》いします」と挨拶《あいさつ》。その姿《すがた》はそれはそれは凛《りん》としていて、とても死にかけていた人とは思えない。さっき自分に差《さ》し出《だ》されたお茶菓子《ちゃがし》を、となりに座《すわ》るおばあさんに「つまらないものですがどうぞ」と勧《すす》める。もしかして、トメさん元気になるかも。

問題はご飯《はん》を食べようとしないこと。自分から箸《はし》をつけようとしない。しかたないので手伝《てつだ》おうとすると口を固《かた》く結《むす》んで首を振《ふ》る。そして「もう、ようございます」の一言。そのかたくなさにぼくたちもなす術《すべ》がない。好《す》きなものを用意したり、ときには「食べてください」と頼《たの》み込《こ》んだりと悪戦苦闘《あくせんくとう》。それが、ある日を境《さかい》に堰《せき》をきったようにご飯《はん》を食べ出した。

きっかけはカツヨさん。夕食のときだった。トメさんの横に座《すわ》ったカツヨさんが声をかけた。「あんた、食べんとなあ？　わたしのをやろう」と言ってウナギの蒲焼《かばやき》を無理《むり》やりトメさんの口に押《お》し込《こ》んだのである。トメさんは顔をくしゃくしゃにしながらいやそうに食べた。その直後。「だっ！　食べろう！」。かけ声を上げた。そしてペロリとたいらげてしまった。

あれだけ食べることを拒《こば》んだトメさんが再《ふたた》び食べ始めたのはなぜか？　病気が治《なお》ったから？　ウナギの蒲焼《かばやき》がおいしかったから？　実はよく分からない。けれど心当たりがあるとすればこうだ。トメさんの口癖《くちぐせ》は「人のお世話になるくらいなら死んだがええ」。それだけ自立心とプライドの高い人だった。病院ではトイレに行くことも叶《かな》わず、縛《しば》られた。「おしっこ」も「うんこ」もオムツにした。も〜う！　死んだがええ。しかし死ぬつもりで食を断《た》ったがなかなか死なない。すると好《す》きなものが用意されたり、「食べてくれ」と若《わか》い者《もの》が頼《たの》み始《はじ》める。うかうかしていると同年代のお年寄《としよ》りから憐《あわ》れみの交じった親切でウナギの蒲焼《かばやき》を食べさせられた。どうせすぐ死なないのなら自分で食べよう。どうせすぐ死なないのなら、もう少し生きてみよう。

これはあくまでも想像《そうぞう》。食べ始めた理由を尋《たず》ねたところで、ちゃんと言葉では教えてはくれないから。けれどね、そんな気がするんだよね。トメさんを見ていると。

口から食べると人は本当に元気になるね。点滴《てんてき》や経管栄養《けいかんえいよう》（チューブを鼻の穴《あな》に挿《そう》入《にゅう》し胃《い》に直接《ちょくせつ》、栄養《えいよう》を流《なが》し込《こ》む）と、わけが違《ちが》う。それはそうさ。口から食べることが自然《しぜん》の摂理《せつり》だから。からだはそうつくられている。

たとえば、台所では何やら炒《いた》める匂《にお》いがする。あれはお肉？　それともお魚？　ニンニクの香《かお》りが加《くわ》わると、口の中でじわじわと唾《つば》がわいてくる。ごくりと唾《つば》を飲《の》み込《こ》むとお腹《なか》が「ぐう〜」と鳴った。皿の上には柔《やわ》らかそうなステーキ。やっぱりね！この匂《にお》いは肉だと思った。「いただきます」も待ちきれず思わず手が出る。「あーあ、やっぱりおいしいね」。食事とはこういうこと。

匂《にお》いで鼻がくすぐられる。匂《にお》いによってめぐらされる想像《そうぞう》は唾液《だえき》の分泌《ぶんぴつ》を活発にする。飲《の》み込《こ》まれる生唾《なまつば》は胃《い》を刺激《しげき》しからだはすっかり食べ物を受け入れる準備《じゅんび》が整う。舌《した》で受け止めた食感と味は「おいしい」という言葉に代わる、言葉は食事をともにした人たちとのあいだに「共感《きょうかん》」を育《はぐく》み、喜《よろこ》びが増《ま》す。五感、脳《のう》、内臓《ないぞう》、そして人との関係《かんけい》を総動員《そうどういん》して「食べる」ことが「生きる」ことへとつながるのだ。

出す

食べれば当然《とうぜん》、「おしっこ」と「うんこ」が出る。人はこの営《いとな》みから逃《に》げることはできない。体内でつくられる「おしっこ」と「うんこ」も、体外では「汚《きたな》く、恥《は》ずかしい」ものの象徴《しょうちょう》となる。学校で「うんこ」をすることはなぜか恥《は》ずかしい。人様にお見せできるものでは、まあ、ないからね。

しっかり食べ始めたトメさんはどんどん元気になる。腰《こし》を直角に曲げ、ヨロヨロしながらも歩き出した。そして左足が一歩でると「ブッツ～」とオナラ。右足が一歩でるとまた「ブッツ～」。歩くたびに「ブッツ、ブッツ～」と音を立てて前進する。括《かっ》約筋《やくきん》が緩《ゆる》んでいるのだ。九十二年ものあいだ尿道《にょうどう》と肛門《こうもん》をしっかりと締《し》めてきた。そろそろ緩《ゆる》むのも当たり前。これも自然《しぜん》の摂理《せつり》。歩くだけで「オナラ」が出て、動いただけで「おしっこ」が漏《も》れる。ときには「うんこ」も。

知らず知らずお漏《も》らしをするトメさんはパンツ式の紙オムツをはいている。（本人は普通《ふつう》のパンツと思っているようだ）問題はそのパンツをはき替《か》えてくれないこと。「人のお世話になるくらいなら死んだがええ」を信条《しんじょう》とするトメさんが恥《は》ずかしさの象徴《しょうちょう》である「排泄行為《はいせつこうい》」にぼくたちを関《かか》わらせない。「おしっこ」が漏《も》れる前に「トイレに行きましょうか」と誘《さそ》ってみる。すると「わたくしはそんなところに用はございません」と断《ことわ》られる。

だからぼくたちはこうお願《ねが》いする。「よかところに行きましょう」。ある日。若《わか》い男性職員《だんせいしょくいん》がさりげなくトイレに誘《さそ》った。「よかところちゃ、どこですなぁ」と半信半疑《はんしんはんぎ》でついていくトメさん。便器《べんき》に座《すわ》ってもらおうとパンツを下げた瞬間《しゅんかん》、「誰《だれ》か〜っ！助けてください！　わたくしはここで犯《おか》されております」と大騒《おおさわ》ぎ。無理《むり》もない。若《わか》い男性《だんせい》からこっそり誘《さそ》われて密室《みっしつ》でパンツを下ろされたのだから。

トメさんは老《お》いたのだ。ごく自然《しぜん》にね。たとえ自分からトイレに行っても「排泄行為《はいせつこうい》」をひとりでおこなうことはできない。

何やらお腹《なか》が張《は》ってきた。この感覚《かんかく》は「おしっこ？」それとも「うんこ？」。漏《も》れそうだ、急げ。さてトイレはどこだったかな。ああ、ここ、ここ。まずズボンとパンツを下げる。便器《べんき》に座《すわ》り、腹圧《ふくあつ》をかけて「排泄物《はいせつぶつ》」を体外に押《お》し出《だ》す。……ああ、スッキリした。終わると紙で拭《ふ》き取《と》る。便器《べんき》から立ち上がりパンツとズボンをはく。「くさいもの」を水で流す。この中のどれが欠《か》けても排泄《はいせつ》の自立は失《うしな》われる。つまり他人の力をかりて「おしっこ」「うんこ」をすることになるんだ。キミはできるかな？

トメさんの場合《ばあい》は「老《お》いること」でその立場《たちば》におかれた。

トメさんはパンツを下げただけで反射的《はんしゃてき》にお漏《も》らしをする。床《ゆか》には「おしっこ」の水溜《みずた》まり。「それは何ですなぁ」。聞かなきゃいいのに。「これはぼくがこぼした水です」とぼくが答える。するとトメさん、「そうでしょう」と言って目を閉《と》じる。本当は分かっているんだよ。あれは自分の「おしっこ」だって。ただ、それをそう簡単《かんたん》に認《みと》めるわけにはいかないんだ。

だって、お漏《も》らししちゃいけないと教えられたし、教えてきた。世間から未熟《みじゅく》な人間だと見られちゃう。だから認《みと》めるわけにはいかない。たとえそれが加齢《かれい》という自然《しぜん》の摂理《せつり》であったとしても、その事実を受け入れるには時間がかかる。

そこで重要《じゅうよう》なのが世間（社会）の目。年を重ねるごとに「しかたないや」と本人が折《お》り合《あ》う。けれど「お漏《も》らしするようじゃ、お終《しま》いだ」と世間が指差《ゆびさ》す。「やっぱり、長生きするより死んだがええ」。トメさんにもそんな気持ちがあったんじゃないかな。

よかところ

老《お》いることで生じるマイナスのイメージは当事者がひとりで受け止めるものではない。ありのままの老《お》いを社会全体が受け止めることでマイナスのイメージは消えていく。

九十五歳《さい》を迎《むか》えたトメさんは排泄《はいせつ》のお手伝《てつだ》いを昔ほどいやがらなくなった。「トメさんたら、ぎっちょん、ちょんで、パイのパイのパイ〜♪」とあのテーマソングに乗りながらお手伝《てつだ》いを受けてくれる。からだを他人に委《ゆだ》ねることができるようになった。三年をかけて。それでも、たまに怒《おこ》る。お尻《しり》を拭《ふ》く手伝《てつだ》いをしていると。「ああ！もうようございます。そこはわたくしの大事なところでございます」と大声で。

眠《ねむ》る

トメさんの部屋《へや》から何やらゴソコソと音がする。三畳《じょう》一間の障子《しょうじ》がガラリと開く。草木も眠《ねむ》る時刻《じこく》というのに爽《さわ》やかに「おはよう」と言う。「今は真夜中ですよ。午前二時です」と知らせると「そんなバカらしかことがあるもんね、今は朝よ」と言い返しながらソファーに腰掛《こしか》けるトメさん。とはいってもからだは眠《ねむ》っているようで座《すわ》るや否《いな》や居眠《いねむ》りを始めた。やれ、やれ。

　高齢《こうれい》になればなるほど、眠《ねむ》りのリズムは独特《どくとく》だ。あるおばあさんは二日眠《ねむ》って、二日起きているというリズム。あるおじいさんは一時間起きて、二時間眠《ねむ》ることを繰《く》り返《かえ》すというリズム。個人差《こじんさ》はあるものの、寿命《じゅみょう》の終わりに近づけば近づくほど、眠《ねむ》る時間は長くなる。トメさんも随分《ずいぶん》と居眠《いねむ》りの時間が増《ふ》えた。

「ほら、一緒《いっしょ》に寝《ね》らんなぁ」。これはトメさんの口癖《くちぐせ》。機嫌《きげん》のよいときほどお声がかかる。夜勤《やきん》をしているぼくは一緒《いっしょ》に寝《ね》るわけにもいかず、眠《ねむ》らないトメさんを寝《ね》かしつけようと添《そ》い寝《ね》をした。布団《ふとん》にもぐり込《こ》んでしばらくして、大きな勘違《かんちが》いをしていることに気がついた。どうやら、トメさんはぼくを寝《ね》かしつけるために声をかけたらしい。見守るようにぼくを見つめている。どちらが先に眠《ねむ》るか。布団《ふとん》の中で競争《きょうそう》だ。にらめっこが続《つづ》く。

　疲《つか》れているのはぼくの方だったのか、不覚《ふかく》にもうつら、うつらとしてしまった。そのとたんにトメさん布団《ふとん》を抜《ぬ》け出《だ》して、押入《おしい》れへと向かう。あの曲がりきった腰《こし》をピ

〜ンと伸《の》ばし毛布《もうふ》を三枚《まい》も持ってきた。真夏の夜にもかかわらず。

「毛布《もうふ》はよかよ（いらん）」と拒《こば》んでみるがその願《ねが》いを聞き入れる人ではない。有無《うむ》も言わさずぼくのからだにひっかける。汗《あせ》ばみながら再度《さいど》、「毛布《もうふ》はよかよ（いらん）」とお願《ねが》いすると「風邪《かぜ》をひかしたら、女の責任《せきにん》」とつぶやいてていねいに体全体を毛布《もうふ》で覆《おお》う。お年寄《としよ》りたちは夜になると昼には見せない顔を見せる。それは優《やさ》しい顔であったり理性《りせい》を忘《わす》れた顔だったり。どちらの顔につきあっても、それはとてもその人らしく、昼以上《いじょう》に関係《かんけい》の深まる時間なのだ。

「ほら、一緒《いっしょ》に寝《ね》らんなぁ」。またべつの日、トメさんは八十歳《さい》のカツヨさんに声をかけた。ひとり用のベットにふたり。「大丈夫《だいじょうぶ》な」と互《たが》いに気遣《きづか》い眠《ねむ》りに入る。事件《じけん》はその二時間後に起きた。一緒《いっしょ》に寝《ね》たことを忘《わす》れたトメさんはハッとしたように目を覚《さ》まし「あんた誰《だれ》な！」とカツヨさんをののしった。カツヨさんも負けてはいない。「あんたこそ誰《だれ》ですなぁ」と言い返し、押《お》し問答《もんどう》がしばらく続《つづ》く。これもまた、やれ、やれ。けれどたいしたことはない。朝になれば深夜のケンカも忘《わす》れてしまい、「おは

トメさん

ようございます」と爽《さわ》やかな挨拶《あいさつ》を交《か》わすのだから。

ときにはぼくからトメさんに声をかけてみる。「トメさん、一緒《いっしょ》に寝《ね》ませんか？」と。すると「男はすぐに燃《も》え上《あ》がりますから」と断《ことわ》られた。

「食べる」「出す（排泄《はいせつ》）」「眠《ねむ》る」。「おぎゃ〜」と生まれて死ぬまでに毎日繰《く》り返《かえ》す行為《こうい》。その毎日をどう繰《く》り返《かえ》すかが大切なんだ。無意識《むいしき》におこなっていることほど、生きることに直結《ちょっけつ》している。意識《いしき》しないとできないことは実はどうでもいいことなのさ、そうたかをくってみるのも悪くない。

生きることにつきあう！ パート3

歩く

「大変《たいへん》お世話になりました。今日は帰ります。さいなら」。屈託《くったく》のない声を上げ、深々とお辞儀《じぎ》をする。ゆるやかなスロープを足取り軽く下るが危《あぶ》なっかしい。直角に曲がる腰《こし》はトメさんのからだを前傾姿勢《ぜんけいしせい》にする。トコトコと下るうちに加速度《かそくど》が加《くわ》りなかば小走りになって車道へと躍《おど》り出《で》た。

もう一度、振《ふ》り向《む》いてあのよく通る声で「さいなら～」と手を振《ふ》った。トメさんは数十キロ離《はな》れた自宅《じたく》を目指す。どんなに頑張《がんば》ってもトメさんの体力ではたどり着くはずもない。（な～に、十五分も歩けば力尽《ちからつ》きる）そう考えながらついていく。

最初《さいしょ》の元気はどこへやら、案《あん》の定《じょう》、その足取りはすぐにヘロヘロとなった。すかさず助けの手を差《さ》し出《だ》してみる。するとトメさんその手をパーンとはねのけて「わたくしは、お父さん、お母さんのところへ帰るのです。あなたも自分のお父さん、お母さんのところに帰りなさい」と諭《さと》してみせた。しかたないのでトメさんが転ばぬように気にかけながらその後ろをついていく。

トメさんは歩く。ブロック塀《べい》に張《は》り付《つ》いて。それはまるで高層《こうそう》ビルのあいだを移動するスパイダーマン。しかし隣家《りんか》のブロック塀《べい》は、車が激《はげ》しく往来《おうらい》する幹線道路《かんせんどうろ》で終わりを告《つ》げるし、右にカーブをきりながら下っていく道路を何の頼《たよ》りもなく渡《わた》ることは難《むずか》しい。進むべき方向をじ～っと見定めるトメさん。ブロック塀《べい》に張《は》り付《つ》いたまましばらく思案《しあん》。

トメさん飛《と》んだ。弾《はず》みをつけてブロック塀《べい》から手を離《はな》す。重力に抗《あらが》いながら初《はじ》めて空を飛《と》ぶ雛鳥《ひなどり》のようにパタパタと。向かいに積《つ》み上《あ》げられた石塀《いしべい》へと一直線。力尽《ちからつ》きずに何とか渡《わた》り切《き》ったトメさん、石塀《いしべい》に張《は》り付《つ》いた。そしてなおかつ進むのだ。その姿《すがた》はロッククライマー。ひとつ、ひとつの石をしっかりつかみ、たっぷり時間をかけて登るように歩いたが、その石塀《いしべい》も終わる。

途《と》方《ほう》に暮《く》れる

今度こそ手を握《にぎ》ってくれるはず。もう一度、手を差《さ》し出《だ》してみる。するとまた差《さ》し伸《の》べられた手を払《はら》いのけてこう言った。「あなたとわたくしが手を握《にぎ》り合《あ》っているところを世間の人に見られるとどんな噂《うわさ》が立つやもしれません」。しかたがないので、また後ろをついていく。

お日様は西の空に沈《しず》み、電灯《でんとう》がともり始めた。膝《ひざ》はワナワナと笑《わら》い、一歩が出なくなる。灯《あか》りに照《て》らし出された一軒家《いっけんや》を指差《ゆびさ》して「あれがわたくしの家です」とつぶやく。あそこまで連《つ》れていけとようやく、ぼくの手を握《にぎ》る。その家の前までたどり着いて気がつく。もちろん、トメさんの自宅《じたく》ではないのだ。そのとたん膝《ひざ》がカクンと折《お》れ

あれはだれだ？

てトメさん、ヘナヘナと道端《みちばた》に座《すわ》り込《こ》んだ。

一緒《いっしょ》に座《すわ》り込《こ》む。トメさんの目の色が変《か》わっている。薄茶色《うすちゃいろ》の虹彩《こうさい》の中でポカンと、小さく瞳孔《どうこう》が開いている。その瞳《ひとみ》はどこを見るでもなく完全《かんぜん》に焦点《しょうてん》を失《うしな》っていた。帰れるはずなのに帰れなかった。途方《とほう》に暮《く》れるトメさん。

一時間半ほど前、トメさんはごく当たり前のように「第二よりあい」を出た。みんなにちゃんと挨拶《あいさつ》をして。お父さんとお母さんのいる「家」を目指した。歩《ある》き続《つづ》けるその後《うし》ろ姿《すがた》に心の中で語りかけていた。「トメさん、どんなに頑張《がんば》っても『家』には着かないよ。たとえたどり着いても『家』にはトメさんを介護《かいご》するだけの条件《じょうけん》がないのだから。だから、もう、あきらめよう」。

一心に歩いた。すべての力を使《つか》い果《は》たした。もう余力《よりょく》など残《のこ》っていない。さあ、どうやって「第二よりあい」に戻《もど》ろうか。携帯電話《けいたいでんわ》で車を呼《よ》ぶか、しばらく休んでまた歩くか、それともトメさんをおんぶして。ポカンと口を開け遠くを見つめるトメさんを見ながらぼくも途方《とほう》に暮《く》れる。

困《こま》り果《は》てる

過去《かこ》に同じ色をした瞳《ひとみ》を見たことがある。それはかつて勤《つと》めた老人《ろうじん》ホームに暮《く》らしていたキクさんの瞳《ひとみ》と同じ色。夕方になると「帰る」と言って自宅《じたく》を目指す。それは決まって夕方なので「夕方症候群《ゆうがたしょうこうぐん》」「帰宅願望《きたくがんぼう》」なんて専門家《せんもんか》は呼《よ》んでいた。何とか家に帰ろうと試《こころ》みるキクさん。どこで手に入れたのか風呂敷《ふろしき》包《づつ》みに、誰《だれ》のものかも知れぬ衣類《いるい》を詰《つ》め込《こ》んで「お世話になりました」と頭を垂《た》れる。玄関《げんかん》から出ようとすると職員《しょくいん》が飛《と》んできて制止《せいし》する。いたるところが施錠《せじょう》され、外に出ることを奪《うば》われたキクさんはしだいに焦燥感《しょうそうかん》にあおられる。さんざんウロウロした果《は》てにあの色の瞳《ひとみ》で宙《ちゅう》を仰《あお》ぐ。あの目だ。

トメさんは何に困《こま》り果《は》てていたのだろうか。自宅《じたく》では暮《く》らせないことを理解《りかい》していないこと？　自宅《じたく》に帰る道順《みちじゅん》が分からなくなったこと？　もう両親が死んでしまったことを忘《わす》れていること？

ぼくたちは「忘《わす》れていること」や「理解《りかい》できないこと」が問題の元凶《げんきょう》だと考えてきた。理解《りかい》さえしていれば帰ることのできぬ「家」を目指したりしない。だから薬（向精神薬《こうせいしんやく》）で落ち着かせようとしたり、説明《せつめい》して分からせようとした。それでもだめなときは分からないのだからしかたないと鍵《かぎ》をしめ、閉《と》じ込《こ》めた。

あの途方《とほう》に暮《く》れた目を見て考えた。今、トメさんが直面している問題は、「憶《おぼ》えているか否《いな》か、理解《りかい》できているか否《いな》か」ではない。あんなに歩いたのに帰ることができなかった。そのことにトメさんは困《こま》り果《は》てているんだ。帰りたいのに帰れない。その現実《げんじつ》をどう受け止めるか。そのお手伝《てつだ》いのためにぼくたちは存在《そんざい》しているはず。

「さいなら〜」とあのよく通る声が、夕方に響《ひび》く。昨日《きのう》、あんなにくたくたになったことも忘《わす》れて。今日もまた「家」を目指すトメさん。やれ、やれ。ほっとけないから、その後に続《つづ》く。きっと明日《あす》も、その次の日も「家」を目指すだろう。そして、くたくたになって「第二よりあい」に戻《もど》ってくるんだ。ぼくたちはそのことに繰《く》り返《かえ》しつきあう。「もう帰れないんだ」という現実《げんじつ》にトメさん自身がたどり着くまで。

土下座《どげざ》をする

五郎《ごろう》さんは今日も考えている。どうして自分がここで暮《く》らしているのかを。五郎《ごろう》さんが「第二よりあい」にやって来たのは三年前の十二月だった。きっかけは夜になっても眠《ねむ》らない五郎《ごろう》さんに二年間つきあった家族が、疲《つか》れ果《は》ててしまったこと。見るからに「頑固《がんこ》おやじ」。百五十センチにも満《み》たないであろうその身長にもかかわらず、家庭における統率力《とうそつりょく》は絶大《ぜつだい》で「鶴《つる》の一声《ひとこえ》」ですべてを決定してきた。孫娘《まごむすめ》の門限《もんげん》にはうるさくて、夜十時を過《す》ぎても戻《もど》らなければ、携帯電話《けいたいでんわ》にコールの嵐《あらし》。そして愛犬《あいけん》を小脇《こわき》に抱《かか》えて玄関《げんかん》で仁王立《におうだ》ちしていたらしい。

そんな頑固《がんこ》おやじも寄《よ》る年波にはかなわなかった。散髪屋《さんばつや》さんに出かけてもその場所が思い出されずに帰ってくる。町内会運営《うんえい》のために一役買ってきたが、思うように切り回せない。交渉《こうしょう》ごとがうまくいかない。何をやってもすべてがうまくいかないという事実は五郎《ごろう》さんを追《お》い詰《つ》めた。いらだつ当人を前に家族はなす術《すべ》がない。夜が来ても眠《ねむ》らずゴソゴソし続《つづ》ける五郎《ごろう》さんに、家族は限界《げんかい》を迎《むか》えたのだ。

初《はじ》めてお会いしたとき、そんな危機的状況《ききてきじょうきょう》にあることなど少しも見せることなく愛《あい》想《そう》をふりまいていた。「いや〜、不思議《ふしぎ》なこともあるものです。すっかりなくなったと思っていた頭に毛が生えてきました」とほんのり頭皮を覆《おお》う産毛《うぶげ》を指差《ゆびさ》して笑《わら》ってみせた。

「第二よりあい」で暮《く》らすことなど、はなから考えていない五郎《ごろう》さんは当然《とうぜん》のごとく「家に帰る」と訴《うった》えた。トメさんのようにね。そうしてトメさんのように歩《ある》き続《つづ》けた五日目の夜、土下座《どげざ》をしたのだ。「どうかこの檻《おり》から出してください」と。現実《げんじつ》は厳《きび》しい。九十歳《さい》を迎《むか》えようかというひとりの人間が、平均年齢《へいきんねんれい》三十一歳《さい》の職員集団《しょくいんしゅうだん》に土《ど》下座《げざ》をする。

五郎《ごろう》さんは家族に手紙を書いた。意味不明《いみふめい》の文字が入《い》り混《ま》じるアラビヤ語のような文面もよく見れば読《よ》み解《と》けた。その要点《ようてん》はこうだった。「自分は出張中《しゅっちょうちゅう》であること。嵐《あらし》が続《つづ》くので帰ることができないこと。タカシ君の怪我《けが》を心配していること。仕送りをするつもりでいること」。手紙は最後《さいご》にこう綴《つづ》られていた。「ケンカだけはするな、ケンカだけは」と。

いったいどうしたらいいんだろうね。ぼくたちは好《す》き好《この》んで五郎《ごろう》さんを帰さないのではない。家族も後《うし》ろ髪《がみ》を引かれる思いで「第二よりあい」の利用《りよう》を決意した。何より当の本人は年を重ねた結果《けっか》として「ぼけ」を抱《かか》えただけなのだ。

それからだ。五郎《ごろう》さんの謎解《なぞと》きが始まったのは。もう帰れないことを悟《さと》ったのか、自分がここで暮《く》らさざるを得《え》ない理由を探《さが》し始《はじ》めた。新しい住《す》み処《か》となった「第二よりあい」で巻《ま》き起《お》こるできごとは理解《りかい》のしがたいことばかり。五郎《ごろう》さんらしく理解《りかい》するために、五郎《ごろう》さんらしく考え始めた。

考える

「妻《つま》」は時折《ときおり》やって来る。五郎《ごろう》さんの好《す》きなお寿司《すし》を抱《かか》えて。風呂敷《ふろしき》に包《つつ》まれた寿司《すし》桶《おけ》には、今朝《けさ》作られたばかりのちらし寿司《ずし》が収《おさ》められている。

小皿に盛《も》られたお寿司《すし》をポロポロとこぼしながら食べる夫《おっと》に、「あら、あら」と少しあきれてみせながら、飯粒《めしつぶ》のひとつ、ひとつを拾う妻《つま》。きれいに平らげたことを見《み》届《とど》けて「また来るからね」と言《い》い残《のこ》して去っていく。

五郎《ごろう》さんは考える。あの妻《つま》はなぜ時折《ときおり》やって来るのか。そして去っていくのか。自分には妻《つま》をはじめ息子夫婦《むすこふうふ》と孫《まご》がいる。なのに、どうしてともに暮《く》らすことができないのか。突然《とつぜん》、沈黙《ちんもく》を破《やぶ》って語り出した。それも告白《こくはく》にも近い口調で。「恥《は》ずかしながら、わたくし妻《つま》と離婚係争中《りこんけいそうちゅう》でございます」。それは五郎《ごろう》さんが考えて考え抜《ぬ》いてたどり着いた結論《けつろん》だった。事実ではない。けれど当たらずといえども遠からず。

そういえば、少し前も「わたしは七人の人を殺《ころ》しました。けれど無実《むじつ》なのです。本当のことを知っているのは妻《つま》です。しかしながらその証言《しょうげん》は認《みと》められないのです」と言ってポロリと涙《なみだ》をこぼしたこともあったっけ。あれも家族と暮《く》らせない五郎《ごろう》さんなりの理由だったんだ。

五郎《ごろう》さんが語る多くのストーリーは事実とはほど遠《とお》い荒唐無稽《こうとうむけい》なものが多い。こういった事実と異《こと》なる話を、「ぼけ」による異常言動《いじょうげんどう》のひとつとして「作話《さくわ》」と専門家《せんもんか》は呼《よ》ぶ。けれど、あのストーリーを「ただの『作話』ですね」と片《かた》づけられない。そう片《かた》づけてはいけないような気がするのだ。

今日も五郎《ごろう》さんは考える。みんなの集《つど》う居間《いま》でいつものように井戸端会議《いどばたかいぎ》が始まった。その輪《わ》の中で五郎《ごろう》さんひとりがきょとんとしている。小さな瞳《ひとみ》をパチクリさせて「こりゃだめだ」とつぶやいた。そしてあたりを見回して「ここは、朝鮮《ちょうせん》かな」と首をかしげる。日本語が理解《りかい》できないほど脳機能《のうきのう》が低下《ていか》したのではない。あれはきっとみんなの話が聞き取れないだけなんだろうな。今という現実《げんじつ》を理解《りかい》するために、五郎《ごろう》さんは考《かんが》え続《つづ》ける。

折《お》り合《あ》う

トメさんや五郎《ごろう》さんのように、どのお年寄《としよ》りも喜《よろこ》んで「第二よりあい」にやって来る人などいないのだ。トメさんが土間に落ちなければ、今でも寿命《じゅみょう》の尽《つ》きるまで、からだがいうことをきくまで、我《わ》が家《や》の庭で日課《にっか》だった草取りに勤《いそ》しんでいただろう。五郎《ごろう》さんだって思い通りに何でもできていたら、夜が眠《ねむ》れなくなるほど悩《なや》まずにすんだ。

生きていると自分でも望《のぞ》まぬ「転機《てんき》」というものが勝手にやって来ることがある。「ぼけ」を抱《かか》えることはひとつの転機《てんき》。トメさんも五郎《ごろう》さんも「ぼけ」を抱《かか》えてしまった。これまでの生き方では乗り切れない。もっと違《ちが》う生き方が求《もと》められた。

そんなとき、人は誰《だれ》でも混乱《こんらん》する。「ぼけ」ていなくたって、転機《てんき》を迎《むか》えただけで人はとまどい、悩《なや》む。そうして新しい生き方を模索《もさく》する。トメさんも五郎《ごろう》さんも「ぼけ」を抱《かか》えて生きることになったのだから、その模索《もさく》が始まるのだ。混乱《こんらん》しながら、ときには取《と》り乱《みだ》しながら。

ぼくたちはその混乱《こんらん》につきあうことにした。混乱《こんらん》をなくす努力《どりょく》ではなく、混乱《こんらん》につきあう努力《どりょく》だ。だって、当人たちはそのことに大真面目《おおまじめ》に取り組んでいる。帰ることのできぬ「家」を目指して歩《ある》き続《つづ》けるし、「なぜこうなったか」を考《かんが》え続《つづ》けている。受け入れがたい現実《げんじつ》と折《お》り合《あ》うために。その当人たちの取り組みを「夕方症候群《ゆうがたしょうこうぐん》」や

「帰宅願望《きたくがんぼう》」とは呼《よ》ばないはずだ。

五郎《ごろう》さんはすごいよ。五郎《ごろう》さんの考える力は、ぼくらの想定しない世界へと行《ゆ》き及《およ》ぶ。身長が低《ひく》すぎて兵隊《へいたい》さんになれなかった五郎《ごろう》さんからすると、現代《げんだい》日本のうら若《わか》き女性《じょせい》たちは日本人に見えないんだね。美白《びはく》に茶髪《ちゃぱつ》、おまけに見上げるような身長。そんな彼女《かのじょ》たちを見て五郎《ごろう》さんはある夜、こんな要求《ようきゅう》をした。

「アナタ、ニホンジン、デスカ」。英語《えいご》なまりの質問《しつもん》に女性職員《じょせいしょくいん》も英語《えいご》なまりで返す。「ワタシ、ニホンジン、デス」。すると五郎《ごろう》さん目をパチクリさせて「フトン、フトン、ネタイ、ネタイ」と身振《みぶ》り手振《てぶ》り。翌朝《よくあさ》、五郎《ごろう》さん苦情《くじょう》を言った。「あのオランダ人は話が通じない」と。

トメさんだって頑張《がんば》っている。七十歳《さい》も年の離《はな》れた職員《しょくいん》たちの輪《わ》に入《はい》り込《こ》んで、話題にからむ。「ノアの箱舟《はこぶね》って何のこと」と何げなく尋《たず》ねていた女性職員《じょせいしょくいん》に「何なぁ？　ノアの鳩胸《はとむね》？　そう言えばうちの姉しゃまは鳩胸《はとむね》やった」。やれ、やれ。今日も新しい生きかたの模索《もさく》は続《つづ》く。

生きることにつきあう! パート4

笑《わら》う

ほや〜ぁと笑《わら》う。

「おはようございます。もう朝ですよ!」。口をポカンと開けたまま深い深い眠《ねむ》りの中にいる五郎《ごろう》さんのからだは右に左に揺《ゆ》さぶられた。接着剤《せっちゃくざい》のようにまぶたにくっつく目やにと戦《たたか》いながら、つぶらな瞳《ひとみ》がわずかに覗《のぞ》く。

目と目が合った瞬間《しゅんかん》、ほやぁ〜と笑《わら》った。目は糸のように細くなり、口はきれいな丸を描《えが》く。歯を失《うしな》った口内にプラムのような舌《した》が小さくきれいに顔を出した。長い眠《ねむ》りから覚《さ》め、昨日《きのう》から今日へとまた会うことのできた証《あかし》とも感じられる、あの笑顔《えがお》。そして五郎さん、ひひひっと笑《わら》う。

もう一度「おはようございます」と声をかけると「ハア〜そうですか」と五郎《ごろう》さん。しっかりとからだを支《ささ》えられながら覚束《おぼつか》ない足取りでトイレへと向かう。便座《べんざ》に腰掛《こしか》けるや否《いな》や「ビーツーでお願《ねが》いします」。意味不明《いみふめい》な五郎《ごろう》さんのお願《ねが》いに戸惑《とまど》うぼくを察《さっ》してか「ツービーだったかな?」と言い直した。言い直したところでやっぱり意味は分からない。

おしっこをすませ洗面台《せんめんだい》へ。蛇口《じゃぐち》から流れ出る水に挨拶程度《あいさつていど》に触《ふ》れた後、これまた挨拶程度《あいさつていど》に顔を洗《あら》う。鏡《かがみ》に映《うつ》る自分の顔に軽く会釈《えしゃく》。「これは誰《だれ》だ、俺《おれ》か? ああ、俺《おれ》だ」。そんな自問自答が聞こえてくるような集中力で鏡《かがみ》の顔をじっと見つめる。そしてやっぱり、「ひひひっ」と笑《わら》った。

つぎには、ははは っと笑《わら》う。

朝食の準備《じゅんび》はできている。味噌汁《みそしる》を指差《ゆびさ》してトメさんが五郎《ごろう》さんを誘《さそ》う。「ほら、婆《ばば》～しゃま、ほけ（湯気）のたちよる。早《は》よう、おいでなされ」。禿《は》げ上《あ》がった五郎《ごろう》さんの一体どこが「おばあさん」に見えるのか。よく分からないまま、とにかくトメさんに誘《さそ》われるままに食卓《しょくたく》につく。

「ほれ、婆《ばば》しゃま、食べなされ」とトメさん愛想《あいそう》よく、自分のお味噌汁《みそしる》を差《さ》し出《だ》す。「トメさん、五郎《ごろう》さんは男ですよ、爺《じい》さまです」と訂正《ていせい》すると「なにがこの人が爺《じい》さまなぁ！　この人は婆《ばば》さまですよ、バカらしか！　あはあはあはっ」と高笑《たかわら》いするトメさん。すると五郎《ごろう》さんが「はははっ」と笑《わら》った。と同時に「ブロロロロロ」。大地を揺《ゆ》るがすようなオナラの音。

オナラを聞いたマサさんが「いやよ！」とニヤニヤしながらぼくを見る。「違《ちが》います。今のオナラは五郎《ごろう》さんです」と必死《ひっし》でぼくは疑《うたが》いを晴らそうとする。すると五郎《ごろう》さんがさっきよりも大きな声で「ははは っ」と笑《わら》った。どこからか小さい声で「ふふっ」と聞こえる。その笑《わら》い声《ごえ》の主はキクさんだった。笑《わら》いの連鎖《れんさ》は笑《わら》いを呼《よ》ぶ。

「ほや～ぁ」「ひひひ」「はははは っ」。五郎《ごろう》さんが笑《わら》うと、なぜかしらぼくたちも笑《わら》

五郎さん
ハハハハハ！
ブブゥゥ
あら いやよ！
ハハハハハハ！
ハハハハハ！
ブブゥ
ブブゥゥ
ハハハハハハハハ!!
ブゥ
ブブゥ
ブブゥ

ってしまう。特別《とくべつ》おもしろいことがなくても五郎《ごろう》さんは唐突《とうとつ》に笑《わら》うことがある。みんなと七十歳《さい》近く年齢差《ねんれいさ》のある女性職員《じょせいしょくいん》が尋《たず》ねる。「何かいいことがあったのですか？」「ああ、そうですか」と五郎《ごろう》さんの答えにならぬ答えにぼくたちはまた笑《わら》うのだ。五《ご》郎《ろう》さんには笑《わら》いの神様が住んでいる。

そんな五郎さん、昼も夜も眠《ねむ》ってばかりの日が増《ふ》えた。「食べたいものは何ですか？」「ドライブはどこに行きましょうか？」「お風呂《ふろ》に入りますか？」。どの質問《しつもん》にもはっきりと答えてくれないが五郎《ごろう》さんが笑《わら》ってくれるとぼくたちは安心する。「今のままでいいのですね」と。

怒《おこ》る

留吉《とめきち》さんが怒《おこ》っている。それは、それは激《はげ》しい怒《いか》りだった。病院での診察《しんさつ》を終えて第二よりあいにやって来た。何やらご立腹《りっぷく》のごようす。「何かあったのですか」と尋《たず》ねると「何かあったも何も、人を馬鹿《ばか》にして」と怒《いか》り冷《さ》めやらない。

留吉《とめきち》さんは自転車が大好《だいす》きで、自宅前《じたくまえ》の急斜面《きゅうしゃめん》をノーブレーキで降《お》りて行《い》くことを楽しみにしている。危《あぶ》なくてしょうがないとみんなが心配する。だって八十歳《さい》を越《こ》えているのだもの。案《あん》の定《じょう》、電信柱《でんしんばしら》に激突《げきとつ》。自転車禁止令《じてんしゃきんしれい》を妻《つま》が発令《はつれい》するも、言うことを聞かない。おまけに出かけたまま家に帰れなくなってしまうことが、たびたび。

そんななか、家族の希望《きぼう》で精神科《せいしんか》へ受診《じゅしん》することとなった。そこで知能検査《ちのうけんさ》がおこなわれたのだ。「今日は何日か」「ここがどこか」「生年月日」「太平洋戦争《たいへいようせんそう》が終わったのはいつか」「百から七引いたらいくつ」「日本の総理大臣《そうりだいじん》は」「五つの物品テスト」など、簡単《かんたん》な問題が口頭で質問《しつもん》される。ひとつの質問《しつもん》への答《こたえ》が、〇〜四点の範囲《はんい》で点数化され、その結果が正常《せいじょう》、境界《きょうかい》、準認知症《じゅんにんちしょう》、認知症《にんちしょう》の四段階《だんかい》で評価《ひょうか》される。

「検査《けんさ》の結果《けっか》は単《たん》なる目安であって、点数が低《ひく》いから認知症《にんちしょう》だと判断《はんだん》する必要《ひつよう》はありません」と医師《いし》は教えてくれる。そりゃあそうさ、本人に能力《のうりょく》はあっても「やる気」がなければ当然《とうぜん》、結果《けっか》は悪い。でもね、点数が低《ひく》いと単純《たんじゅん》に「認知症《にんちしょう》」と診断《しんだん》されちゃう。

ぼくが老人《ろうじん》ホームで働《はたら》いていた頃《ころ》、この知能検査《ちのうけんさ》をよくやったものだ。あるおじいさんに「太平洋戦争《たいへいようせんそう》が終わったのはいつですか」と質問《しつもん》した。正解《せいかい》すれば三・五点が獲得《かくとく》できる。おじいさん、ほかの質問《しつもん》には興味《きょうみ》すら示《しめ》さなかったのに、その質問《しつもん》に瞳《ひとみ》をキラリと光らせた。「そうだな、俺《おれ》は百姓《ひゃくしょう》のせがれで六人兄弟の二番目だった。貧《びん》乏《ぼう》だったせいもあって長男は何かと待遇《たいぐう》がいい〜」と自分の出生秘話《しゅっしょうひわ》から始まって子ども時代の話へと続《つづ》き、「太平洋戦争《たいへいようせんそう》」は終わるどころか始まりもしない。

若《わか》かりしぼくはその話を途中《とちゅう》で切った。早々にその部屋《へや》を出た。そして判定不能《はんていふのう》と記録《きろく》した。今なら分かる。あのとき、おじいさんは「戦争《せんそう》」の話がしたかったのだと。中国大陸《たいりく》で戦《たたか》い、シベリアに抑留《よくりゅう》された、あの「戦争《せんそう》」を語るにはそれまでの自分の半生を語る必要《ひつよう》があったのだと。おじいさんは試《ため》されていると思いもせず、語ろうとしていたのだと。

さて、留吉《とめきち》さんは何に激怒《げきど》したか。それは「五つの物品テスト」に、だった。消しゴムや鉛筆《えんぴつ》など五つの物品を出して覚《おぼ》えてもらう。それをいったん隠《かく》した後に、何があったか思い出させるテスト。「俺《おれ》の目の前に何やら品物を出した。すると、その品物をさ〜っと隠《かく》すんだ。隠《かく》しておいて何があったか答えろと言う。答えるも何も、何があったか尋《たず》ねるぐらいなら最初《さいしょ》から隠《かく》すな」。これが留吉《とめきち》さんの言い分だった。ごもっともな見解《けんかい》にぼくたちは「そうですよね〜」と大笑《おおわら》い。

留吉《とめきち》さんは大の芸能通《げいのうつう》でもある。特《とく》に島田陽子《しまだようこ》の大ファン。「ヨウコと名のつく女優《じょゆう》さんを教えてください」と尋《たず》ねてみた。「ふむ、島田《しまだ》よう子、南田《みなみだ》よう子、南野《みなみの》よう子、山本《やまもと》よう子〜」。とうとうと答《こた》え続《つづ》けた。そこで職員《しょくいん》が留吉《とめきち》さんに「具志堅《ぐしけん》ヨウコウ（元プロボクサー）もいます」と「ぼけ」てみせると「それは男じゃないか」と突《つ》っ込《こ》み返《かえ》す。

「好《す》きなもの」「嫌《きら》いなもの」「楽しかったこと」「悲しかったこと」「腹《はら》が立ったこと」。普通《ふつう》に語り合うべき事柄《ことがら》はまだまだたくさんある。語り合えば十分、その人のことが分かるんだよね。暮《く》らしの中でのやりとりで相手のことを知ることができるんだ。試《ため》したりしなくても。

テストします

この5つの品物を覚えてください
これをいったんかくします
さあ、ここに何がありましたか
聞くぐらいだったら最初っからかくすな!!

泣《な》く

「おばばよ〜、おばばはおらんね〜、おばばはどこに行ったとね〜、オーイオイオイ」。布団《ふとん》に入ると、きまってマサさんは叫《さけ》びながら泣《な》く。「おばば」とはマサさんのおばあちゃんらしい。九十四歳《さい》のマサさん。おばあちゃんはとっくの昔に死んでいる。みんなと楽しく夕食をすまし、居眠《いねむ》りを始めたマサさんに声をかけた。「もう寝《ね》ましょうか」。「もう寝《ね》るよ」。おだやかに布団《ふとん》に入ったのにもかかわらず、数分後には「おばばよ〜」。ときには「起こしてくれんねぇ」と大興奮《だいこうふん》。（うむ〜なんでこうなるの？）

マサさんには心配ごとが絶《た》えない。「娘《むすめ》の受験《じゅけん》はうまくいくか？」「お客さんをもてなすビールは足りているか」「明日《あす》、弁当《べんとう》がいるのか、いらないのか」などなど、布《ふ》団《とん》の中でひとりになると心配ごとが波のように押《お》し寄《よ》せてくるらしい。そして助けを求《もと》める。その第一声が「おばばよ〜う」。心配ごとの多くは家事や子どもたちのことばかり。

ある夜のこと、いつものように「おばば」を呼《よ》んだ。「はい、はい」と駆《か》けつける。「赤子《あかご》はどこにおるとね～ぇ」。「え～っ、赤子《あかご》って誰《だれ》の？」。「私《わたし》の赤子《あかご》に決まっとるやないねぇ」。（そんなバカな？……）「ああ、赤子《あかご》は二階で眠《ねむ》っているよ」。うまくごまかすつもりだった。

すると「二階から連《つ》れてきてくれんねぇ」と半ベソ状態《じょうたい》。「連《つ》れてきてどうするとね」とぼく。「乳《ちち》をやるとたい」。「え～っ、乳《ちち》？　マサさん、乳《ちち》が出るとね？」。「出るくさ」と自信満々《じしんまんまん》。のしイカのような乳房《ちぶさ》からお乳《ちち》が出るはずもなく。そう考えるぼくの心を見通したのか「出ることは、出るばってん、近頃《ちかごろ》はちいと薄《うす》くなった」と少し弱腰《よわごし》になった。

マサさんはタイムスリップをする。「乳《ちち》をやる」と言い出したとき、年齢《ねんれい》を聞いてみると「二十歳《はたち》に決まっとるやないねぇ」と答えた。そうか二十歳《はたち》なのか。じゃあ、子どもも小さいはずだ。

物忘《ものわす》れがあって、時間の軸《じく》がねじれてくると、みんなタイムスリップを始めるんだ。だから子どもの顔が分からなくなる。だってそうだろう。自分は二十代に遡《さかのぼ》っているのだから。当然《とうぜん》、息子《むすこ》や娘《むすめ》たちも赤子《あかご》になる。けれど現実《げんじつ》の子どもたちはマサさんと一緒《いっしょ》にタイムスリップができないから七十代のまま。「赤子《あかご》のはずの子どもたちが七十代であるはずがない」。それがマサさんの言い分。だから思わず言ってしまうのだ。娘《むすめ》や息子《むすこ》に「あんた誰《だれ》ねぇ」と。

家族だって泣《な》く。だって母親が、娘《むすめ》や息子《むすこ》である自分の存在《そんざい》を忘《わす》れてしまうのだから。「お母さん、私《わたし》でしょ、私《わたし》のことを忘《わす》れてしまったの?」。思い出してほしい。そんな子どもたちの愛情《あいじょう》は、ときに「ぼけ」を抱《かか》えたお年寄《としよ》りたちを追《お》い詰《つ》める。タイムスリップした母親や父親に、「今」という現実《げんじつ》を認知《にんち》させるために「訓練《くんれん》」や教育的《てき》な指導《しどう》をおこなったりするからね。

でも決して、マサさんは子どもたちのことを忘《わす》れたわけじゃないんだ。夜になると毎晩《まいばん》のように、とうの昔に成人《せいじん》した子どもたちの「弁当《べんとう》のこと」「お乳《ちち》のこと」「受験《じゅけん》のこと」を心配して泣《な》いているんだから。

マサさんの娘《むすめ》さんがやって来た。「私《わたし》のことが誰《だれ》かわかるね？」と娘《むすめ》。すると「わかるに決まっとるやないねぇ」とマサさん。「わかるなら言うてごらん」と食い下がる娘《むすめ》さんの顔をじっと見て静《しず》かに答えた。「わかるよ～、『あんた』は『あんた』やないねぇ～」。

抗《あらが》う

トメさんは居眠《いねむ》りの最中《さいちゅう》。手にはお茶の入った湯飲みが握《にぎ》られている。こくり、こくり、と舟《ふね》をこぐトメさんのからだはじょじょに左へと傾《かたむ》き始める。手に握《にぎ》られた湯飲みも同時に傾《かたむ》き始める。これはいつもの光景《こうけい》である。トメさんは居眠《いねむ》りしながらお茶をこぼす。

職員《しょくいん》の視線《しせん》は一気に湯飲みへと集まる。このままだとお茶はこぼれるに違《ちが》いない。そう判断《はんだん》したぼくはトメさんの湯飲みを取ろうとした。するとトメさんパッチリと目を覚《さ》まし「何するとなぁ〜！」と激《はげ》しく抵抗《ていこう》。「お茶がこぼれそうなんです」。ぼくの声は届《とど》かない。もみ合った末《すえ》、湯飲みのお茶は辺《あた》り一面に飛《と》び散《ち》って終わった。

なぜ、トメさんはぼくたちに抗《あらが》うのか。お茶がこぼれることを防《ふせ》ごうとしたのだから感謝《かんしゃ》されてもいいじゃないか。でもトメさんは栗《ぐり》の実の弾《はじ》けるがごとく、いきおいよく腹《はら》を立てたのだ。どうして？　声をかけずに湯飲みを取ろうとしたからかな？　居眠《いねむ》りを邪魔《じゃま》されたから？

そういえば、ほかのお年寄《としよ》りたちもよく抵抗《ていこう》していたんだ。ときには抵抗《ていこう》にとどまらず暴力《ぼうりょく》を振《ふ》るう人もいた。

「障害《しょうがい》」を抱《かか》えたお年寄《としよ》りたちは介護《かいご》を必要《ひつよう》としている。「介護《かいご》」＝「いいこと」と考えがちだ。それを証拠《しょうこ》に「福祉《ふくし》の仕事をしている」とか「老人介護《ろうじんかいご》をしている」とか言うと、世間の人は必《かなら》ず誉《ほ》めてくれる。「偉《えら》いわね〜」、「優《やさ》しいのね」と。だから福《ふく》祉《し》の仕事をしている人は「いいこと」をしていると錯覚《さっかく》するんだ。それは怖《こわ》いことだ。だって「いいこと」は、否定《ひてい》したり疑《うたが》ったりすることがないからね。

さて、トメさんはなぜ、怒《おこ》ったのか。改《あらた》めて考えてみた。トメさんは自分で結果《けっか》を出すことができなかった。そのことへの怒《いか》りであるように思う。つまり、あのお茶がこぼれるか否《いな》かという予測《よそく》を立てていたのはぼくたちであって、トメさんではない。まだお茶をこぼしていないのに湯飲みを取り上げられようとした。自分は結果《けっか》を出していない。なのに他人から結果《けっか》を予測《よそく》され先手を打たれた。トメさんに限《かぎ》らず、「ぼけ」を抱《かか》えたお年寄《としよ》りたちはそのことに抗《あらが》っているように思えてならない。また、人の予測《よそく》に導《みちび》かれて生きていくことは、自分の存在意義《そんざいいぎ》すら見失《みうしな》わせる。

ぼくらは、トメさんがお茶をこぼすまで待つことにした。お茶がこぼれるとトメさん大慌《おおあわ》て。そこにタオルを持ってぼくたちが登場。すると「すんまっしぇんなぁ」と言いながら一緒《いっしょ》に床《ゆか》を拭《ふ》く。彼《かれ》らの生活において職員《しょくいん》が先手を打つときは「命」や「権利《けんり》の侵害《しんがい》」に関《かか》わるときだけ。それ以外《いがい》は彼《かれ》らの出した結果《けっか》からともに歩む。結《けっ》果《か》がよければ喜《よろこ》べばいい。悪ければこれからどうするかを一緒《いっしょ》に考える。

人を大事にする。尊重《そんちょう》するってどういうことだろう。その人にとって「いいこと」

か、そうではないことかを判断《はんだん》するにはどうしたらいいのだろう。

まず相手の言葉に耳を傾《かたむ》けること。語り合うこと。顔を見ること。「笑《わら》っている？」「怒《おこ》っている？」「泣《な》いている？」「にらんでいる？」「焦《あせ》っている？」「そわそわしている？」。相手の言葉や表情《ひょうじょう》から、「自分のしたこと」を考えてみること。自分だったらどうだろうかと考えること。「笑《わら》うかな？」「怒《おこ》るかな？」「泣《な》くかな？」ってね。

今日もトメさんが怒《おこ》っている。「そこはあなたたち若《わか》い者《もの》が座《すわ》るところではありませんよ！ 上座《かみざ》ですから！」。翌日《よくじつ》、怒《おこ》られないように下座《しもざ》に座《すわ》る。するとトメさんまた怒《おこ》る。「そこはあなたたち若《わか》い者《もの》が座《すわ》るところではありませんよ！ 上座《かみざ》ですから」と。日替《ひが》わりで上座《かみざ》が変《か》わるので大変《たいへん》だ。だからぼくたちはトメさんのその日のようすで、座《すわ》るところを決めることにした。

生きることにつきあう!

パート5

忘《わす》れる

午前六時。お年寄《としよ》りたちは寝息《ねいき》をたてている。「プルルルル」。こんなに朝早く電話をかけてくるなんて、きっとあの人だ。「はい、第二よりあいです」。「ああ!　わたし、ツル子です。今日は迎《むか》えに来てくれるとね?」。「はい、ちゃんとお迎《むか》えにあがりますよ」。「ああ、よかった。じゃあ、待っとるけんね」。ほっとしたようにツル子さんは電話をきった。

午前七時。「プルルルル」。味《み》噌《そ》汁《しる》をつくっているとまた電話。きっとあの人だ。

「はい、第二よりあいです」。「ああ！　わたし、ツル子です。今日は迎《むか》えに来てくれる日やったかいな？」。「はい、今日はお迎《むか》えにあがる日ですよ」。「ああ、よかった。待っとるけんね。早く来てね」。うれしそうな声。

第二よりあいの朝は、ツル子さんの電話から始まる。ツル子さんは何でもすぐに忘《わす》れてしまう。自分の年も忘《わす》れている。ときどき思い出したように「ありゃ、わたしは何歳《さい》やったかいな？」と聞くことがある。「八十歳《さい》ですよ」と答える。「ええっ！　わたしが八十歳《さい》！　そんなバカなことがあるもんね！」と血相《けっそう》を変《か》えて怒《おこ》るので、ぼくたちは「違《ちが》いましたか？　はははははは」と笑《わら》ってごまかすことにしている。

とにかく何でも忘《わす》れてしまう。だから電話で確認《かくにん》する。「今日は何日やったかいな？」。「今日は第二よりあいに行く日やったかいな？」と。「今日」という日が自分にとってどんな一日なのかを人から教えてもらうのだ。

午前八時。「プルルルル」。みんなでご飯《はん》を食べているとまた電話。「はい、第二よりあいです」。「ああ、わたし、ツル子です。今日は迎《むか》えに来ちゃるとね？　最近《さいきん》、いっちょん（少しも）来てやらんねぇ」。口調は少し怒《おこ》り気味。つい昨日《きのう》、第二よりあいでみんなと一緒《いっしょ》に過《す》ごしたことを忘《わす》れているんだ。

こんなときぼくたちは戸惑《とまど》う。第二よりあいに来ていたことを伝《つた》えるべきか、伝《つた》えないべきか。事実を知らせるか、否《いな》かで悩《なや》む。ツル子さんは自分がそんなにひどい物《もの》忘《わす》れがあるなんて思いもしていないのだから、きっと事実を知ったら傷《きず》つくだろうな。そんな思いがぼくたちの言葉を濁《にご》らせる。するとツル子さん怒《おこ》り出《だ》す。「迎《むか》えに来るか、来んか、はっきりせんごたるなら、区役所にいいつけるばい」。

ツル子さんの電話はひとつのバロメーターと言える。一時間おきにかかってくれば一時間、三十分おきなら三十分。電話の間隔《かんかく》がツル子さんの記憶《きおく》の続《つづ》いている時間をあらわしている。また、話の口調で落ち着いているのか、それとも不安《ふあん》が強いのかを知ることができる。

午前八時三十分。「プルルルル」とまた電話。受話器《じゅわき》を取るとやっぱりあの人。「ああ、わたし、ツル子です。今日は腰《こし》が痛《いた》いからお休みします」。（ええっ！　あれだけ迎《むか》えに来いと言っておきながら、三十分のあいだに心変《こころが》わりかあ〜)。

お休みの電話があってもぼくたちは迎《むか》えに行くことにしているんだ。玄関先《げんかんさき》で「おはようございます」と挨拶《あいさつ》すると「ああ、遅《おそ》かったね」と言いながら家から出て来ることを知っているから。「お休み」の電話をしたことも、ツル子さんは忘《わす》れてしまう。

失《うしな》う

そしてご主人は怒《おこ》るのだ。「お前はさっきから電話ばかりしよろうが！　いいかげんにせい！」。ご主人は気を遣《つか》っている。妻《つま》が繰《く》り返《かえ》し電話をかけることで人様に迷《めい》惑《わく》をかけてしまうのではないかと。記憶《きおく》を失《うしな》うことは本人も大変《たいへん》だけど、それにつきあう人も大変《たいへん》なのだ。同じことを何度も尋《たず》ねられたら誰《だれ》だってイライラする。受話器《じゆわき》のむこうからご主人のどなり声が聞こえる。ツル子さんは慌《あわ》てて電話をきった。(あら、怒《おこ》られてる……)。

物忘《ものわす》れがあると時間がうまく流れなくなる。つまり時間が過去《かこ》から現在《げんざい》、そして未《み》来《らい》へと流れなくなるんだ。簡単《かんたん》に言うとこうだ。きみはあこがれの彼女《かのじょ》にラブレターを昨日《きのう》、届《とど》けた。きみはその返事を今日もらうことになっている。だからドキドキしながら今を過《す》ごす。彼女《かのじょ》から返事をもらった。「おつきあいしてもいいよ。明日《あす》、デートしましょう」。きみは大喜《おおよろこ》びする。明日《あす》のデートに備《そな》えるために散髪《さんぱつ》をし、おしゃれな洋服を買いに街《まち》に出る。そうやって今を過《す》ごす。

もし、きみがラブレターを出したことを忘《わす》れてしまえばドキドキしながら今を過《す》ごすことはない。もしきみがデートの約束《やくそく》を忘《わす》れてしまえば散髪《さんぱつ》もしないし、買い物にも出かけない。つまり、きみは今、何をすべきか分からなくなる。何かしたくても何もできない。現在《げんざい》を迎《むか》えられず、明日《あす》への備《そな》えもできないのだ。

ツル子さんは自分がすぐに忘《わす》れてしまうことを、少し自覚《じかく》している。だからメモをとるようにしている。先日、クリーニング屋さんに衣類《いるい》の洗濯《せんたく》をお願《ねが》いした。忘《わす》れちゃいけないのでメモをとる。「シャツ」「ズボン」「絹《きぬ》のネッカチーフ」そして「クリーニング」。そう書《か》き留《と》めたメモを忘《わす》れないように電話機《でんわき》の横に貼《は》っておく。

数日してクリーニング屋さんがきれいに仕上がった衣類《いるい》を持ってきた。「毎度ありがとうございます。注文の品です」。「あら、ありがとう」。ツル子さん、お金を支払《しはら》って、きれいになった衣類《いるい》をタンスにしまいこむ。

しばらくして、電話の横に貼《は》り付《つ》けられたメモ書きが目に入る。そこには「シャツ」「ズボン」「絹《きぬ》のネッカチーフ」「クリーニング」と書かれている。はてと考える。「あら、クリーニングが返ってきてない」。メモをしたことを忘《わす》れているので衣類《いるい》が返ってきたときにそのメモを処分《しょぶん》できなかったのである。

これがもめごとの始まりなのだ。ツル子さんはクリーニング屋さんに電話をする。「ああ、一丁目のツル子です。クリーニングに出した衣類《いるい》が返ってきとりませんが」。クリーニング屋さんは困《こま》る。「いや、この前お持ちしましたよ」。返した、返してないの押《お》し問答《もんどう》が続《つづ》くと、クリーニング屋さんも怒《おこ》り出《だ》す。「クリーニングはほかの店にお願《ねが》いしてください」。ツル子さんはこうやって人との関係《かんけい》をひとつ、ひとつ失《うしな》っていく。

繰《く》り返《かえ》し電話をかけるだけでなく、人とのあいだにささいな「もめごと」を繰《く》り返《かえ》す妻《つま》をみかねてご主人はまた怒《おこ》り出《だ》す。「おまえは気がくるうとる」。思わず言ってしまう。ご主人は本当は優《やさ》しい人で、「おまえは物忘《ものわす》れはあるけれど、買い物に出かけてもちゃんと帰ってこれるからよかたい」。ふだんは妻《つま》をそうなぐさめる。

ご主人からしこたま怒《おこ》られたツル子さん。もう電話をしてこないと思っていた。「プルルルル」。まさかと思いつつ受話器《じゅわき》を取るとやっぱりあの人。「ああ！　わたし、ツル子です。今日は迎《むか》えに来てくれるとね？」。こりることなくまた電話。ツル子さん、今度は外の公衆電話《こうしゅうでんわ》からかけてきた。

集《つど》う

トメさんは寝床《ねどこ》からみんなの集まる居間《いま》のようすを静《しず》かにうかがっている。時間は午前十一時を回り、すでにみんなは勢《せい》ぞろい。あのツル子さんも。お茶を飲みながら井戸端会議《いどばたかいぎ》に興《きょう》じている。そこで、もう少し寝《ね》ていたいトメさんに声をかける。「お客様がおそろいですよ」と。「ああ……そうですか」。そうつぶやいて重い腰《こし》を上げる。「すんまっしぇんなぁ。遅《おそ》くなりました」。お詫《わ》びをいれながらみんなの輪《わ》に入る。集まったお仲間《なかま》の顔をまじまじと見つめながら神妙《しんみょう》そうに頭を下げる。そして挨拶《あいさつ》をする。「みなさま、今日はよくおいでいただきました。この雨の中にもかかわらず……。まことにありがとうございます」。外は雲ひとつない青空。

挨拶《あいさつ》は続《つづ》く。「こんなに大勢《おおぜい》の人にお参《まい》りいただけるなんて……。故人《こじん》もきっと喜《よろこ》んでいることでしょう」。トメさん、ひとりでお葬式《そうしき》モード。

そんなトメさんの挨拶《あいさつ》にフサ子さんがていねいに答える。「あなたも立派《りっぱ》にご主人を看取《みと》りましたなぁ」。雨でもないのに雨。お葬式《そうしき》でもないのにお葬式《そうしき》。そしてフサ子さんは事実なんか気にしていない。気にかけているのはトメさんの心情《しんじょう》。「ぼけ」を抱《かか》えたお年寄《としよ》りの集《つど》いは、そんなゆるやかな当事者どうしの連帯感《れんたいかん》で結《むす》ばれている。

しばらくするとトメさんポツリとつぶやいた。「へげん、へげん（ダメだ、ダメだ）。わたくしは、な〜も覚《おぼ》えておりません」。となりに座《すわ》っていたキクさんが一生懸命《いっしょうけんめい》に語り出す。キクさんは言葉に障《しょう》がいがある。「わ・た・し・も、な〜も・お・ぼ・え・ちゃ・お・ら・ん」。トメさん目をキラキラさせながら「あんたも『ぼけ』ね」とうれしそうに声をかける。

それを聞いた若年性《じゃくねんせい》のアルツハイマー病を患《わずら》ったユキ子さんも「わたしもね、何にも覚《おぼ》えていないのよ」。するとトメさん、もっと目をキラキラさせて「ああ、あんたも若《わか》いのに『ぼけ』ね」と喜《よろこ》んだ。

ツル子さんはその一部始終を見つめていた。そして口を開いた。「最近《さいきん》、夫《おっと》がわたしのことを『気がくるうた』ち、言うとたい。はがいいけん、言い返してやるたい。わたしゃ、くるうちゃおらん、『ぼけ』とると」。何でもすぐに忘《わす》れてしまうのに夫《おっと》の言葉は忘《わす》れていなかった。

その告白《こくはく》に一同、はっとした。そして大笑《おおわら》い。お年寄《としよ》りも笑《わら》う。職員《しょくいん》も笑《わら》う。ツル子さんはさらに続《つづ》ける。「旦那《だんな》はほんにつまらんねぇ、『くるう』と『ぼけ』の違《ちが》いが分からん」。みんなは顔を見合わせて、また大笑《おおわら》い。なぜか言葉の意味を理解《りかい》するこ

あたしゃなーんにも

あたしゃ なーんにも
覚えて おりません
あたしも なーんにも
覚えて おりません
あんたも ぼけねぇ
あんたも ぼけねぇ
キャッ
キャッ

とのできなくなったおばあさんも笑《わら》っている。

大笑《おおわら》いって気持ちがいい。大笑《おおわら》いすると心が自由になる。大笑《おおわら》いはひとりではできない。ひとりで笑《わら》い続《つづ》けるとへん。だけどみんなと笑《わら》い続《つづ》けるとますます愉快《ゆかい》になる。優秀《ゆうしゅう》な介護者《かいごしゃ》から一対一で介護《かいご》をされても、あんな大笑《おおわら》いは生まれない。あんなに愉《ゆ》快《かい》になれない。それは集《つど》いの力とでもいうのかな。

「へげん、へげん(ダメだ、ダメだ)」となげいていたトメさんも笑《わら》っている。ツル子さんも笑《わら》っている。物忘《ものわす》れがなくなったわけでもないのに、ご主人から怒《おこ》られなくなったわけでもないのに。問題は何ひとつ解決《かいけつ》されてなくても、同じ仲間《なかま》と大笑《おおわら》いできれば、なんとか明日《あす》を迎《むか》えられそうだ。

認《みと》める

ひとりぼっちはいやだけれど、みんなと一緒《いっしょ》にいるのもいや。そんな人いるよね。ヨシ子さんはまさにそんな人。自宅《じたく》まで迎《むか》えに行く。「ピンポン」と呼《よ》び鈴《りん》を鳴らす。

突然《とつぜん》、扉《とびら》が開いた。ヨシ子さんと娘《むすめ》さんがもみ合いながら飛《と》び出《だ》してくる。娘《むすめ》さんは噛《か》み付《つ》くヨシ子さんを押《お》さえながら車の後部座席《こうぶざせき》に放《ほう》り込《こ》む。「は〜っ」と深いため息をついたあと、「行ってらっしゃい」と見送った。ヨシ子さんはどうにでもなれと言わんばかりにからだを投げ出している。

「今日もよろしく」と挨拶《あいさつ》しながら振《ふ》り向《む》いた瞬間《しゅんかん》。ヨシ子さんの爪《つめ》はぼくの喉仏《のどぼとけ》をつかんだ。「痛《い》ってー！」思わず声を上げハンドルを握《にぎ》りなおす。ヨシ子さんは眉間《みけん》にシワを寄《よ》せてぼくをにらんでいる。そして「ウオオオオ」と叫《さけ》んでみせた。

ヨシ子さんは失語症《しつごしょう》だ。ヨシ子さんはとても優《やさ》しいお花の先生だった。お弟子《でし》さんが五十人もいた。想像《そうぞう》してごらん。突然《とつぜん》、言葉を話すことができなくなったらどうなるか。言葉にして人に伝《つた》えたいことはたくさんある。「好《す》きです」「ありがとう」「いやだ」「お腹《なか》が空《す》いた」「ごめんなさい」。すべての言葉を失《うしな》うと、心はどうなるのだろう。生活はどうなるのだろう。人との関係《かんけい》はどうなるのだろう。

ヨシ子さんは人を見ると暴力《ぼうりょく》を振《ふ》るうようになった。暴力《ぼうりょく》といっても「つねる」

「ひっかく」「かみつく」の三点セット。大きなダメージこそないものの、その瞬間《しゅんかん》は飛《と》び上《あ》がるほどの痛《いた》さである。三点攻撃《こうげき》は職員《しょくいん》だけに終わらない。一緒《いっしょ》に集《つど》うお年寄《としよ》りたちにもおよぶ。みんなが楽しく集《つど》っていてもヨシ子さんが近寄《ちかよ》ると、その場に緊《きん》張《ちょう》がはしる。「ああ！ この人はこげ〜んして人ば、ひっかくもんなぁ」とトメさんが身振《みぶ》り手振《てぶ》りで眉《まゆ》をひそめる。ツル子さんはさっと、身をひるがえしヨシ子さんから逃《に》げていく。

ヨシ子さんは一時《いっとき》もじっとできない。ウロウロしながら三点攻撃《こうげき》。そんな生活が三年も続《つづ》いている。最初《さいしょ》の一年は第二よりあいの中に入れなくて車の中で過《す》ごし、夏はうだるような暑さをともに、冬は奥歯《おくば》をガタガタいわせながら凍《こお》る寒さをともにした。二年目からは車と居間《いま》を行ったりきたり。ときには何キロも一緒《いっしょ》に歩く。そうしながらもドライブだけはみんなと一緒《いっしょ》に行くことができるようになった。

ファミレスで一番安いケーキセットを頼《たの》む。コーヒーについてくる濃縮《のうしゅく》ミルクをそのまま飲む五郎《ごろう》さんを見てくすっと笑《わら》い、ストローを包《つつ》む紙でコーヒーをかき混《ま》ぜようとするスミエさんを見て「ふふふ」と笑《わら》う。みんなと過《す》ごすことのできるわずかな時間を積《つ》み上《あ》げて三年が過《す》ぎた。

最近《さいきん》は少しようすが違《ちが》うんだ。三点攻撃《こうげき》の回数が減《へ》ってきた。なにより「ねっ、ねっ」と声をかけながら何かを伝《つた》える素《そ》振《ぶ》りを見せる。ツル子さんは幸いに忘《わす》れてくれる、ヨシ子さんが三点攻撃《こうげき》をする人ということも。お陰《かげ》でヨシ子さんの調子のよいときはツル子さんとふたりで手を組んで散歩《さんぽ》もできるようになった。

とある日。いつものように喫茶店《きっさてん》に行った。そこでヨシ子さんがやってしまった。ほかのお客さんをひっかいてしまったのだ。すると、ツル子さんはお客さんのもとに飛《と》んでいく。「ごめんねぇ、この人ちょっと『オカシイ』の」とヨシ子さんの代わりに謝《あやま》った。そしてヨシ子さんを連《つ》れ戻《もど》してきたのだ。ツル子さんは認《みと》めていたのだ。ヨシ子さんのことを。ちょっと「オカシイ」わたしたちの仲間《なかま》だと。理解《りかい》よりも、ともに過《す》ごすこと。理屈《りくつ》を超《こ》えた時間の共有《きょうゆう》はきっと何かを生み出すんだ。

ヨシ子さんとツル子さん

死につきあう？ パート1

美しい、ピシャリしとる。

「ピシャリしとる」が口ぐせ。背筋《せすじ》はいつもピンとしている。それは長年にわたり着物を着ていたからだろう。きっと気持ちもピンとしていた人なんだ。都都逸《どどいつ》が大好《だいす》きで「梅《うめ》は～咲《さ》いたか～、桜《さくら》は～まだかいな～」と粋《いき》に唄《うた》っていた。

フシさんは直腸《ちょくちょう》ガンだった。ガンの腫瘍《しゅよう》が直腸《ちょくちょう》をふさぐとウンコが出ない。娘《むすめ》さんは悩《なや》む。「ぼけ」を抱《かか》え、なおかつ九十二歳《さい》の高齢《こうれい》。入院することに、そして手術《しゅじゅつ》をすることに母は耐《た》えることができるだろうか。悩《なや》んだあげく、手術《しゅじゅつ》にふみきる。幸いに成功《せいこう》した。けれど長期にわたる入院生活はフシさんを寝《ね》たきりにした。唄《うた》うこともない。

そんなフシさんは、第二よりあいに暮《く》らすことになった。みんなで退院《たいいん》のお祝《いわ》いをしたんだ。「ビールの欲《ほ》しい人」。そう職員《しょくいん》が声を上げたとき、「ハ〜イ」と蚊《か》の鳴くような声で手を上げるフシさん。

ゆっくりと確実《かくじつ》に元気になる。台所で洗《あら》い物《もの》をしている職員《しょくいん》を見たフシさんは「手《て》伝《つだ》う」と言った。すすがれた食器《しょっき》を手ぬぐいで拭《ふ》くのがお仕事。椅子《いす》に腰《こし》かけたまま黙々《もくもく》と拭《ふ》きつづけた。ひとつ、ひとつ、ひとつをていねいに磨《みが》きあげる。湯呑《ゆの》みを拭《ふ》こうとしたときだった。何を思ったのかフシさん、湯飲みの底《そこ》にたまる残《のこ》り水《みず》をじ〜っと見つめる。そして、それを飲《の》み干《ほ》した。物忘《ものわす》れのせいだ。手《て》伝《つだ》っているうちに、手《て》伝《つだ》っていることを忘《わす》れ、お茶を飲んでいる気持ちになったんだろうな。

美しいものが大好《だいす》き。娘《むすめ》さんはこんな話をした。「人は『ぼけ』ても美しいものを美しいと思う心は失《うしな》わないのですね。母を見ているとそう思います。花を見ると母はとてもいい顔になります」。

だからぼくたちは花を見に行く。「チューリップを楽しもう」。何万本も咲《さ》き誇《ほこ》るチューリップ畑。二時間もかけて見物と洒落《しゃれ》こんだ。お弁当《べんとう》を持って。それは、それはみごとだった。赤、青、黄色、ピンクに紫《むらさき》、黒いチューリップまである。みわたす限《かぎ》りのチューリップ。きっとフシさんも喜《よろこ》ぶはず。

期待はみごとに破《やぶ》られた。フシさんはお弁当《べんとう》に夢中《むちゅう》。しかもこぼれ落ちた飯粒《めしつぶ》のひとつ、ひとつが気になって目の前に広がる色彩《しきさい》に気がつかない。飯粒《めしつぶ》を拾いとる作業は一時間以上《いじょう》も続《つづ》いた。残念《ざんねん》！　もう帰る時間なのだ。チューリップ畑の片隅《かたすみ》に設置《せっち》されたトイレで用を足して帰ろう。そうして車椅子《くるまいす》を半回転させたその瞬間《しゅんかん》、あの色《しき》彩《さい》が飛《と》び込《こ》んできたんだ。フシさんの目に。

まんまるになった瞳《ひとみ》はすべての色を取《と》り込《こ》もうと集中している。しばらくの沈黙《ちんもく》をやぶり、声を上げた。「美しい。ピシャリしとる」。両手をひろげ大きな手のひらをパチンと鳴らす。それを何度も繰《く》り返《かえ》し「ピシャリしとる」。

トイレに行く途中《とちゅう》も手を打《う》ち続《つづ》ける。扉《とびら》を開くとそこには便器《べんき》がどんと座《すわ》っている。フシさんそれを見てまた声を上げる。「美しい。ピシャリしとる」。感動は車内でも続《つづ》いた。「美しい、ピシャリしとる」。繰《く》り返《かえ》し聞きながら、家路へと。

けれども、ガンは転移《てんい》していた。肝臓《かんぞう》、すい臓《ぞう》、胆《たん》のう。フシさんのからだはみるみるうちに黄色くなる。黄疸《おうだん》が出た。娘《むすめ》さんは二度目の決断《けつだん》をする。もう入院はしない。「今の生活を死ぬまで続《つづ》けさせてやりたいのです」。

形見《かたみ》分《わ》けのちゃぶ台

ときおり高熱《こうねつ》がフシさんを襲《おそ》う。四十度を越《こ》える熱《ねつ》は激《はげ》しい悪寒《おかん》となってからだを「ガタガタ」とふるわせた。フシさん、われを見失《みうしな》って助けを求《もと》める。手を握《にぎ》ると少し落ち着きを取《と》り戻《もど》した。主治医《しゅじい》がかけつける。「点滴《てんてき》をしましょう」。看護師《かんごし》さんが注射器《ちゅうしゃき》を手に取ると「生きるつもりでします」と腕《うで》を差《さ》し出《だ》すフシさん。

二回目の高熱《こうねつ》。主治医《しゅじい》が飛んでくる。前回と同様に点滴《てんてき》を指示《しじ》。注射針《ちゅうしゃばり》を腕《うで》に刺《さ》そ

フヨさんとチューリップ

うとしたそのときフシさんは暴《あば》れた。「わたくしを殺《ころ》す気ですか」。いやがる姿《すがた》を見て主治医《しゅじい》はつぶやく。「しょうがないね、対症療法《たいしょうりょうほう》しかないね」。熱《ねつ》が出ると座薬《ざやく》を使用する。座薬《ざやく》はお尻《しり》の穴《あな》に入れる薬。解熱《げねつ》、鎮痛作用《ちんつうさよう》があって、飲み薬よりも効《き》き目《め》が早い。

熱《ねつ》が出たときは安静《あんせい》にしたほうがいいだろう。ぼくたちはそう考えてみんなの集まる居間《いま》から少し離《はな》れた部屋《へや》にフシさんを連《つ》れていく。薬が効《き》いて熱《ねつ》が下がるとフシさんはベットに腰掛《こしか》けて居間《いま》のようすをうかがう。歌や笑《わら》い声《ごえ》のする居間《いま》が気になってしかたがない感じなんだ。忘《わす》れているんだね。さっきまで高熱《こうねつ》にうなされ血が止まるほどの力で職員《しょくいん》の手を握《にぎ》り、苦しんでいたことを。

「ぼけることは決して悲しいことばかりではないのですね。あんなに苦しんでいても熱《ねつ》が下がるとケロッとしている。そしてみんなと一緒《いっしょ》に唄《うた》って笑《わら》う。あの苦しみを短時間で忘《わす》れることができる。再《ふたた》び襲《おそ》われるはずの高熱《こうねつ》におびえないですむのですね」。ふだんと変《か》わらぬフシさんを見て娘《むすめ》さんはそう言った。

過去《かこ》を忘《わす》れ、少し先の未来《みらい》を予測《よそく》できないフシさんは、「今」を生きている。その「今」をどう過《す》ごすのか。それはぼくたちが「今」をどう生き、どう過《す》ごすのかということにつながっている。

座薬《ざやく》が効果《こうか》をあらわし熱《ねつ》が引くと、フシさんも一緒《いっしょ》に喫茶店《きっさてん》に出かけた。高熱《こうねつ》に備《そな》えて安静《あんせい》を保《たも》ち続《つづ》けることよりも、熱《ねつ》が引いたこの「今」を楽しむ。そのことがフシさんとぼくたちにとって必要《ひつよう》なことだと思えたから。喫茶店《きっさてん》のコーヒーはおいしい。豆をひく音。熱湯《ねっとう》でこされるコーヒーの香《かお》り。ママさんのふるまうコーヒーを前にフシさんは静《しず》かに手を合わせる。

食欲《しょくよく》はめっきり落ちた。ガンは着実にからだをむしばんでいた。でも、「カボチャの煮物《にもの》」はフシさんの大好物《だいこうぶつ》。深い山吹色《やまぶきいろ》に煮《に》あがったカボチャを口に運ぶ。ひとつをぺろりとたいらげる。ふたつめもペロリ。けっきょくカボチャは全部お腹《なか》の中に。

それは最後《さいご》の食事だった。翌日《よくじつ》からは何ひとつ口にしない。水分をとりやすいようにとゼリーにしたが受けつけなかった。乾《かわ》く口を湿《しめ》らせるために娘《むすめ》さんは水に浸《ひた》された綿花《めんか》で唇《くちびる》を拭《ふ》く。するとフシさんはキュッと真一文字に口を結《むす》ぶ。その仕草はまるで薬をいやがるときのようすと同じ。「母らしい」と娘《むすめ》さんはつぶやく。

「口から食べることができなくなったときが終わりです。終わりにしたいと思います」。娘《むすめ》さんはそう言った。死の近いフシさんを囲《かこ》んでみんなでお寿司《すし》を食べた。「厳《きび》しくて優《やさ》しい祖母《そぼ》でした。ジャイアンツのファンで負けたときは機嫌《きげん》が悪かった」とお孫《まご》さんが話してくれた。家族から昔話《むかしばなし》をたくさん聞いた。「ぼけ」のなかった頃《ころ》のフシさんと「ぼけ」てからのフシさんはそう変《か》わっていなかった。フシさんはやっぱりフシさんだった。

「もう長くはないでしょう」。娘《むすめ》さんはフシさんを自宅《じたく》に連《つ》れて帰った。その翌日《よくじつ》、家族や親族に見守られて、フシさんは死んだ。第二よりあいの茶の間にあるちゃぶ台はフシさんが長年使《つか》い続《つづ》けていたものだ。形見分《かたみわ》けにいただいた。

そういうわけにはいかないんですッ!

太い眉毛《まゆげ》。はっきりとした二重《ふたえ》。大きな目。鼻は高くどっしりとしている。彫《ほ》りの深い顔だけれど輪郭《りんかく》が丸いので親しみがわいた。頭の両サイドにわずかな髪《かみ》の毛《け》を残《のこ》したツルツルの禿《は》げ頭《あたま》。見るからに頑固《がんこ》おやじ。それがマサトさんの第一印象《だいいちいんしょう》。

東京で、奥《おく》さんとふたりで暮《く》らしていた。デパートへ買い物に行ったときのことだった。妻《つま》が便所《べんじょ》に行ったそのあいだにマサトさんはいなくなった。あちこちを探《さが》して回る。けれどどこにもいない。数時間後にマサトさんは警察《けいさつ》に保護《ほご》された。「頑固《がんこ》一徹《いってつ》でね、人の言うことを聞かないのよ。おまけに『ぼけ』ちゃったでしょ。わたしクタクタでね。それで娘《むすめ》をたよって、ここ九州に来たの」。マサトさんの介護《かいご》に、奥《おく》さんは疲《つか》れ果《は》てていた。

「第二よりあい」に通うようになってからも頑固《がんこ》一徹《いってつ》は健在《けんざい》だった。「六階に行きてえんですがどうしたらいいんでしょうか」。二階《かいだ》建ての「第二よりあい」で六階を探《さが》す。六階はないことを伝《つた》えると「そんなはずはねぇんですがね！」と「べらんめぇ口調」で怒《おこ》ってみせる。そして「それじゃぁ！　あれは何ですか！」と屋根の上のアンテナを指差《ゆびさ》した。「アンテナ……です」。恐《おそ》る恐《おそ》る答える職員《しょくいん》に「そんなはずはねぇんですがね！」とまた怒《おこ》る。

ぼくたちはマサトさんから質問《しつもん》されることをいつも恐《おそ》れていた。どんな答え方をしても「そんなはずはねぇんですがね！」と怒《おこ》られるからだ。自分にも厳《きび》しい人だった。どんなにお腹《なか》が空《す》いていても「食べきれない」と判断《はんだん》すると、最初《さいしょ》から決して箸《はし》をつけない。

いったん箸《はし》をつけると最後《さいご》まで食べた。みんなで食べようと大皿に盛《も》られた激辛《げきから》キムチ。マサトさんはそれに箸《はし》をつけてしまった。口から火を噴《ふ》かんばかりの辛《から》さに「もう食べなくてもいいですよ」とみんなが止めに入る。「そういうわけにはいかないんですッ！」と涙目《なみだめ》になりながらすべてたいらげた。

肩《かた》を揉《も》んでもらったことがある。三十分が過《す》ぎてもやめない。一時間が過《す》ぎてもやめない。気《き》の毒《どく》になって「もうお疲《つか》れでしょう。ありがとうございました」とお礼を言うと「そういうわけにはいかないんです！」とやり続《つづ》ける。いくらなんでもと無理《むり》にやめてもらうと目の前のちゃぶ台をさすりながら「こりゃあ、こってるなぁ」とつぶやいて熱心《ねっしん》に揉《も》み始《はじ》める。何でも徹底《てってい》していた。とことんやる人だった。

若《わか》かりし頃《ころ》、マサトさんは太平洋戦争《たいへいようせんそう》にかり出された。ニューギニア。偵察隊《ていさつたい》の班《はん》長《ちょう》だった。だからいつも最前線《さいぜんせん》にいた。生還率《せいかんりつ》がもっとも低《ひく》い南方戦線《なんぽうせんせん》を戦《たたか》って東テイモールで捕虜《ほりょ》になった。日本に帰還《きかん》する船の中でマラリアに襲《おそ》われ、命を落としかけた。いくたの困難《こんなん》を乗《の》り越《こ》えて生《い》き抜《ぬ》いた。その精神《せいしん》は最期《さいご》まで残《のこ》り続《つづ》けた。

そんなマサトさんが肺《はい》ガンであることが、ある日判明《はんめい》した。歩くたびに「ヒュウ、ヒュウ」と気道から音がする。検査《けんさ》の結果《けっか》、すでに胸《むね》に水がたまっているという。末《まっ》期《き》の癌《がん》であるなんて誰《だれ》も気がつかなかった。それくらい元気に見えた。いや気丈《きじょう》に暮《く》らしていたのだ。

「入院はさせたくないんです。父は『ぼけ』を抱《かか》えています。病院での生活に適応《てきおう》できずにさらに苦しむでしょう。父に必要《ひつよう》なのは治療《ちりょう》ではなく、生活だと思います。できたらここ（第二よりあい）で最期《さいご》を迎《むか》えさせたい。頑固《がんこ》一徹《いってつ》でどこにも馴染《なじ》むことができない父がやっと落ち着くことができた。ここでお友達《ともだち》とともに過《す》ごせたら」。

娘《むすめ》さんの目は父さんゆずりの大きな目。涙《なみだ》がこぼれ落ちる。

今日の夕食は、魚の煮《に》付《つ》けだ

「もう勘弁《かんべん》してください」。マサトさんは食事中にそう訴《うった》えた。少しでも多く食べてもらいたい。せっせとスプーンを口に運ぶ職員《しょくいん》を制《せい》する言葉だった。それを境《さかい》にマサトさんは食べようとはしなくなった。

目を開けることもなく、静《しず》かに横たわる。主治医《しゅじい》は脱水《だっすい》を心配した。点滴《てんてき》を勧《すす》める。娘《むすめ》さんはいやがった。「点滴《てんてき》をすると痰《たん》が出るのではないか」。そう心配したからだ。悩《なや》んだはてに点滴《てんてき》することに。すると三十分が経過《けいか》したあたりからマサトさんのようすに変化《へんか》が。喉《のど》のあたりからゴロゴロと音がする。それまで静《しず》かに呼吸《こきゅう》していたのに。

ゴロゴロはしだいにひどくなる。痰《たん》がからんでいる。

痰《たん》はマサトさんの気道をふさぎはじめる。痰《たん》を吐《は》き出《だ》すだけの肺活量《はいかつりょう》はすでになく、もがき苦しむ。ぼくたちは背中《せなか》をさする、叩《たた》く。妻《つま》はマサトさんの手を握《にぎ》り語りかける。「わたしはあんたに助けられたよ。あんたは利口《りこう》だったからね。あんたが利口《りこう》でわたしがばかだったから、わたしはずいぶんと助けられたよ」。

幸運《こううん》なことに、痰《たん》は気道を完全《かんぜん》にふさがなかった。徐々《じょじょ》にマサトさんの呼吸《こきゅう》は落ち着きを取《と》り戻《もど》した。痰《たん》と点滴《てんてき》の因果関係《いんがかんけい》を知ることはできない。けれど、娘《むすめ》さんは「点滴《てんてき》はもうしない」と決めた。ぼくたちも娘《むすめ》さんの判断《はんだん》は正しいと思えた。

マサトさんは死にゆく人なのだ。自分の力で食べ物を噛《か》みくだき飲《の》み込《こ》むことができない。水すらも飲《の》み込《こ》めない。からだと内臓《ないぞう》は体内に残《のこ》されたエネルギーと水分だけで保《たも》たれるように準備《じゅんび》を始《はじ》める。「治《なお》す」ことだけを目的《もくてき》とした医療行為《いりょうこうい》はときに死を迎《むか》えようとするからだの準備《じゅんび》を邪魔《じゃま》しているのではないか。

点滴《てんてき》の注射針《ちゅうしゃばり》は血管《けっかん》に直接《ちょくせつ》入り込《こ》み、体液《たいえき》と同じ水分を流《なが》し込《こ》む。腸《ちょう》を通して吸《きゅう》収《しゅう》されない水分は弱った心臓《しんぞう》へと一気に運《はこ》び込《こ》まれる。心臓《しんぞう》は必死《ひっし》でポンプの役割《やくわり》を果《は》たそうとする。血圧《けつあつ》は上昇《じょうしょう》し脈《みゃく》は速くなる。脈《みゃく》が速くなると呼吸《こきゅう》も乱《みだ》れ始《はじ》める。寝《ね》ながら全力で走っている状態《じょうたい》になる。そして吸収《きゅうしゅう》し排泄《はいせつ》するという循環機能《じゅんかんきのう》の低下《ていか》したからだに薬が投与《とうよ》される。もしくは尿道《にょうどう》から膀胱《ぼうこう》へと管《くだ》を入れてオシッコを強制的《きょうせいてき》にぬく。娘《むすめ》さんはマサトさんにそんな医療行為《いりょうこうい》をしたくないと決心したのだ。

おだやかな呼吸《こきゅう》はやがて下顎呼吸《かがくこきゅう》に変《か》わる。からだは生きるために精一杯《せいいっぱい》、酸素《さんそ》を取りこもうとする。鼻からだけではなく下顎《したあご》をパク、パクと大きく開けて。それは水《すい》槽《そう》から飛《と》び出《だ》した金魚のような呼吸《こきゅう》。

「クワッ、クワッ」と息を吸《す》い込《こ》むたびに音がする。その音を聞きながらぼくたちは過《す》ごす。一定のリズムで流れる呼吸音《こきゅうおん》にあわせてぼくたちの時間がつくられていく。呼吸《こきゅう》はしだいにあいだをおく。「クワッ、　　　クワッ、　　　」。そのリズムに合わせて時間もゆっくり流れ始めた。となりの居間《いま》ではお年寄《としよ》りたちのふだんと変《か》わらぬ笑《わら》い声《ごえ》。台所からは魚を煮付《につ》ける音とともに醤油《しょうゆ》の香《こう》ばしい匂《にお》い。「クワッ、　　　クワッ、　　」。今夜のおかずは魚だ。死にゆく人をまえに今日の夕食を考える。

やがて「クワッ、　　クワッ、　　」という音もしなくなった。力なく口が開くだけ。その間隔《かんかく》も時間とともに長くなる。やがて口も開かなくなり顎《あご》のつけ根の筋肉《きんにく》が「ピクリ、ピクリ」と脈打《みやくう》つようになった。「ピクリ、　　ピクリ　　」。最後《さいご》のピクリをみとどけた。マサトさんは死んだのだ。

死につきあう？ パート2

線路をつたえば、どこでも行ける

かつて里山であったところにマンション群《ぐん》が立《た》ち並《なら》ぶ。その中の一棟《とう》に車を横付《よこづ》けする。四階まで一気にかけあがる。赤く塗《ぬ》られた鉄製《てつせい》のドア。初《はじ》めて訪《おとず》れたときと何も変《か》わらず、表札《ひょうさつ》もそのままだ。「鈴木《すずき》ヨシオ」。

呼《よ》び鈴《りん》を鳴らすと「お母さん」が顔を出した。「あら、来てくれたのね。忘《わす》れもせずにありがとうねぇ。ほらあなた、今年も来てくださったわよ」。そう言いながら奥《おく》座敷《ざしき》の写真に声をかける。「四月四日」。それはヨシオさんの命日《めいにち》だ。ヨシオさんは

「介護《かいご》とは何か」を教えてくれた人。その原点を確認《かくにん》するために毎年、会いに行くことにしている。

奥《おく》さんとはヨシオさんの介護《かいご》を六年間、ともにした。ぼくたちはいつしか奥《おく》さんのことを「お母さん」と呼《よ》ぶようになっていた。玄関《げんかん》から入ってすぐ、視線《しせん》を左に向けるとヨシオさんの書斎《しょさい》がある。のぞいてみるとあのときと何一つ変《か》わっていなかった。きれいに並《なら》べられたたくさんの本たち。奥《おく》には立派《りっぱ》な社長椅子《しゃちょういす》。

ヨシオさんが第二よりあいを初《はじ》めて利用《りよう》した日のことを思い出した。迎《むか》えにいくと、書斎《しょさい》ではヨシオさんがどっしりと社長椅子《しゃちょういす》に腰掛《こしか》けている。手に持たれた新聞はさかさま。でも一心不乱《いっしんふらん》に読んでいる。

「お迎《むか》えにあがりました」。そうぼくが言うと眼鏡《めがね》の奥《おく》から目を光らせて「仕事があるんだ。きみが行きなさい」と一言。奥《おく》さんは気を遣《つか》う。「あなた、せっかく迎《むか》えに来ていただいたのに早く行きなさい！」と声をあらげる。するとヨシオさんも「なんだきみの物言いは、クビだ！　クビだ！」と言い返す。「あのね、お父さんは私《わたし》のことを事務員《じむいん》だと思っているの」と困《こま》ったように笑《わら》う。ヨシオさんはある会社の副社《ふくしゃ》長《ちょう》を務《つと》めあげた経歴《けいれき》の持ち主。だから威厳《いげん》だってはんぱじゃない。

奥《おく》さんに席《せき》をはずしてもらい、ヨシオさんとぼくはふたりきりになった。なんとか第二よりあいに来てもらいたい。あれこれとお誘《さそ》いの言葉をかけるぼくに、ヨシオさんは気分を害《がい》した。

「きみの会社は小さいから、いままで取引《とりひき》をしてきたんだ、それを約束《やくそく》もせずにいきなりやって来て！　そんな失礼《しつれい》な会社とは取引《とりひき》しかねる。帰ってください！」。

どうしたらよいものか。時間はようしゃなく過《す》ぎていく。困《こま》り果《は》てたぼくはポツリとつぶやいた。「これじゃ、会社をクビになります」。「えっ！」。ヨシオさんがぼくを見る。「もしクビになったら、家族が泣《な》く思いをします」。泣《な》くフリをしながらヨシオさんのようすをうかがった。「えっ！　そんなことはないだろう？　しょうがないなぁ」と言いながらヨシオさんは重い腰《こし》を上げてくれた。

それがヨシオさんとぼくの最初《さいしょ》の出会いだった。「本当によくつきあってくださったわね」と、「お母さん」は写真のヨシオさんを見る。「きれい好《ず》きでね。帰るなり、そう、玄関《げんかん》を開けたとたんに『片付《かたづ》けろ！』と大声を出すのよ。まだ家の中に入ってもないのに。それが帰りの挨拶《あいさつ》だった」。

「お母さんもよく最後《さいご》まで添《そ》いとげましたね」。ぼくがそう言うと「お父さんが『ぼけ』たときは大変《たいへん》だった。気がつくと外に出ている。自分で帰って来れないでしょ。熊本《くまもと》で見つかったこともあるの。『あなた、福岡《ふくおか》からどうやって行ったの』って聞いたら、『線路をつたえばどこでも行ける』って。でも今は感謝《かんしゃ》してるの。目の離《はな》せないお父さんと一緒《いっしょ》に歩いたおかげで足腰《あしこし》が強くなったし、あなたたちにも会えたからね」。

なにかを探《さが》して歩き続ける

そうだった。ヨシオさんはよく歩いた。「大分《おおいた》に行く」「博多駅《はかたえき》に行く」と言っては外に飛《と》び出《だ》したものだ。とにかくぼくたちもその後ろを歩いた。太い道から小道に入る。用水路の横を危《あぶ》なっかしくつたい、また大通りに出る。赤信号《あかしんごう》を突《つ》っ切《き》って田んぼのあぜ道をこれまた危《あぶ》なっかしく歩く。疲《つか》れ果《は》てると路地に座《すわ》り込《こ》んで動かない。しばらく休んでまた歩く。でも、並《なら》んで歩くときは必《かなら》ず車道側《しゃどうがわ》を歩く。「危《あぶ》ないから」とぼくたちを気遣《きづか》って。

ヨシオさんの「歩く」につきあうと、きまってハプニングに巻《ま》きこまれた。真夏の暑い時季《じき》だった。いつものようにヨシオさんは外に出た。息するだけで汗《あせ》が出る。こりゃあ、どこかで休まないとヨシオさんがまいってしまう。

本屋さんで涼《りょう》をとることにした。本好《ほんず》きのヨシオさんは喜《よろこ》んだ。何列にも並《なら》ぶ本棚《ほんだな》を見てまわる。そのうちに何を思ったのか。ジャンル別《べつ》に整理された本を勝手に並《なら》べ替《か》え始《はじ》めた。お店の迷惑《めいわく》にならぬようにとぼくはヨシオさんから少し離《はな》れて本を元に戻《もど》していく。その行為《こうい》が気に入らなかったのだろう。ぼくをにらみつけて「きみは、ほかの棚《たな》をやりなさい」と指示《しじ》を出す。

喫茶店《きっさてん》でもよく休憩《きゅうけい》をとった。冷《つめ》たいお絞《しぼ》りを真っ赤になった顔にあて、「はあ〜」

と極楽気分《ごくらくきぶん》。そこにおいしいアイスコーヒーがやってくる。からからの喉《のど》がよく冷《ひ》えたコーヒーで潤《うるお》されると気分はますますよくなって、歌が出る。「さ〜けは、飲めぇ、飲め、の〜むうな〜ら〜ば〜ぁ……」と黒田節《くろだぶし》が飛《と》びだす。お店のママさんが「あら、いい声ね」と誉《ほ》めるから気分はますますのぼり調子。ヨシオさんは自分で居場所《いばしょ》を創《つく》っていく。印刷所《いんさつじょ》のおじさん。写真屋の店員さん。ヨシオさんの後についていくと、いろんな人と知り合えた。

でもぼくたちはしばしばヨシオさんを見失《みうしな》う。お昼《ひる》ご飯《はん》を食べ終えて、お年寄《としよ》りも職員《しょくいん》もまったりとした眠気《ねむけ》を共有《きょうゆう》しかけたときだった。誰《だれ》かがつぶやく。「あれ？ヨシオさんは？」。みんなは「えっ？」と言いながら探《さが》し始《はじ》める。

便所《べんじょ》、風呂場《ふろば》、二階の事務所《じむしょ》。「いた？」。「いない」。カーテンの裏《うら》を探《さが》したあたりで「まさか！」と眠気《ねむけ》は一気に覚《さ》めて外に飛《と》び出《だ》す。「左だ！　左だ！」。車に乗ると職員《しょくいん》にそう指示《しじ》を出すヨシオさんの口癖《くちぐせ》を思い出し、路地を左へと曲がる。姿《すがた》はない（どの道だろう）。目をつむりヨシオさんの歩く姿《すがた》を想像《そうぞう》する。きれいな白髪《はくはつ》、少し前《ぜん》傾姿勢《けいしせい》になりながら手を後ろに組む姿《すがた》。それでも背筋《せすじ》をピ〜ンと伸《の》ばし、早足で歩く。赤のセーターがよく似合《にあ》う。（こっちだ）。勘《かん》を信《しん》じて走る。路地はバス通りに出る。左右を見渡《みわた》すが車と人の往来《おうらい》で見通せない。はるかかなたに白髪《はくはつ》。赤い服をまとった姿《すがた》がゆれて見えた。全力で走る。どんどん近づいてくる。……ああ神様、人違《ひとちが》いだった。

あたりはすっかり暗くなった。冷《ひ》え込《こ》みも激《はげ》しく、吐《は》く息が白くなる。このまま夜を迎《むか》えるなんて。もうひと回りしたら帰ろう。そう決めたときだった。自動車会社のショーウインドウの光に照《て》らし出《だ》されたのはヨシオさんだった。抱《だ》きつきたい思いでかけよって「よかった」と声をかける。するとヨシオさんはケロッとして言った。

「先を急ぎますので」。

ヨシオさんとの思い出の多くは「一緒《いっしょ》に歩く」ことから生まれた。そしてよく見失《みうしな》い探《さが》してまわった。もしかするとヨシオさんも何かを探《さが》すために歩いていたのかもしれない。「ぼけ」を抱《かか》えることで失《うしな》った「何か」を。

ヨシオさーん

お父さんが治《なお》った!?

ヨシオさんは年ごとに老《お》いていった。出歩くことも少なくなった。週三回から始まった第二よりあいに泊《と》まる日も介護者《かいごしゃ》である「お母さん」の年齢的限界《ねんれいてきげんかい》とともに増《ふ》えていった。それでもぼくたちは、ヨシオさんができるだけ自宅《じたく》に帰ることができるようにと努力《どりょく》した。ヨシオさんは自宅《じたく》にいるときの顔と第二よりあいにいるときの顔が違《ちが》う。自宅《じたく》にいるときは「主《あるじ》の顔」をしている。エレベーターのないマンション。休憩《きゅうけい》しながらのぼる階段《かいだん》。踊《おど》り場《ば》でヨシオさんは遠くを眺《なが》める。それは何十年も眺《なが》めてきた景色《けしき》。自宅《じたく》には長い月日をかけて蓄《たくわ》えてきた妻《つま》と自分の世界がある。その世界でヨシオさんは「主《あるじ》の顔」を見せる。

それでも自宅《じたく》にいる時間よりも、第二よりあいにいる時間のほうが増《ふ》えていく。すると「お母さん」はせっせとヨシオさんのもとに通い始めた。足腰《あしこし》がめっきり弱り、手を引いてもらわないと歩けない。椅子《いす》に座《すわ》る時間がめっきり長くなったヨシオさんの横に「お母さん」が座《すわ》ったときだった。「母《かあ》さん、かあさん」とヨシオさんがつぶやいた。「お母さん」は喜《よろこ》んだ。「治《なお》った、治《なお》った！　お父さんが治《なお》った」。

ぼくたちはハッとした。ヨシオさんの「ぼけ」は決して治《なお》ってはいない。むしろ進んでいる。けれど「お母さん」は喜《よろこ》んだ。ヨシオさんは「ぼけ」を抱《かか》えてからこのかた自分の妻《つま》を「事務員《じむいん》」と呼《よ》んできた。そのことで「お母さん」は何かを失《うしな》ってしまったのだろう。でも「お母さん」は、一瞬《いっしゅん》でも取《と》り戻《もど》すことができたんだ。それは夫《ふう》婦関係《ふかんけい》。

ぼくらはふたりから学んだ。たとえ障害《しょうがい》や病気が治《なお》らなくても、いや、治《なお》らないからこそ「関係《かんけい》」を大切にしたい。障害《しょうがい》や病気を抱《かか》えることで危《あや》うくなった「関係《かんけい》」をつなぎとめる、取《と》り戻《もど》す。それがぼくたちの仕事なのだと。

ヨシオさんは食事のときによくむせるようになった。噛《か》んだものがうまく飲《の》み込《こ》めず気道に入る。激《はげ》しく咳《せ》き込《こ》んで顔を真っ赤にする。ある日、ケイレンを伴《ともな》う発作《ほっさ》が起こり、入院することとなった。おまけに食事中であったことが災《わざわ》いして食べ物が肺《はい》に入《はい》り込《こ》み、肺炎《はいえん》を起こしてしまったのだ。

救急車《きゆうきゆうしや》に運ばれて病院についたものの、一般病棟《いつぱんびようとう》がいっぱい。やむなく小児病棟《しようにびようとう》へ。療養《りようよう》するヨシオさんを第二よりあいのお年寄《としよ》りたちと見舞《みま》いにいった。ベットの中で布団《ふとん》に埋《う》もれるヨシオさんを見て「まあ、かわいい赤ちゃん」とキワ子さんがあやそうとする。その場にい合わせた看護師《かんごし》さんも思わず大笑《おおわら》い。

なんとか退院《たいいん》はできたものの、ヨシオさんは食事を噛《か》み砕《くだ》いて飲《の》み込《こ》むという行為《こうい》そのものが難《むずか》しくなっていた。時間をかけてゆっくりと食事をすすめる。食べ物の形《けい》状《じよう》も飲《の》み込《こ》みやすいものに変《か》える。けれどとうとうヨシオさんは、口から食べることができなくなった。

「お母さん」は言った。「病院を出たり入ったりすることを望《のぞ》んでいない。そうでしょ、お父さん。みなさんと一緒《いつしよ》のところで逝《い》けることをきっと望《のぞ》んでいるわよね」。

この日から第二よりあいに家族が泊《と》まりこんで看取《みと》りが始まる。

ベットに横たわり両手を回転させるヨシオさんの仕草を弟さんが見て「兄貴《あにき》は七十

歳《さい》を越《こ》えて水泳を始めたもんなぁ」と言う。「あなた、もう逝《い》ってもいいのよ。手を動かしたりしなくていいから」と「お母さん」が声をかけると、孫娘《まごむすめ》がヨシオさんの口調を真似《まね》て言う。「そうはいかないんだ」。「そうね、この世から頂《いただ》いたものはすべてお返ししてからいかないとね。あの世に持っていけないから、おいて逝《い》きなさい」。「お母さん」はまるでヨシオさんと話すように答えた。

10 ccのオシッコ

第二よりあいで死ぬということは、積極的《せっきょくてき》な医療行為《いりょうこうい》をしないということ。つまり大切なのは誰《だれ》かがそばにいるということ。あたたかい光がさしこむということ。心地《ここち》よい風が新鮮《しんせん》な空気を運ぶということ。苦しいときは手を握《にぎ》るということ。さするということ。目が乾《かわ》けば点眼《てんがん》をし、口や唇《くちびる》が乾《かわ》けば好《す》きだったビールやジュースを綿花《めんか》にひたし拭《ふ》いて潤《うるお》す。少しずつ少なくなるオシッコをこまめに拭《ふ》き取《と》る。

人は口から食べ物も飲み物もとることができなくなると、脱水《だっすい》して死ぬこととなる。

一週間もつか否《いな》か。家族もぼくたちもその限《かぎ》られた時間に全力を尽《つ》くす。一番頑張《がんば》ったのは「お母さん」と「孫娘《まごむすめ》」。孫娘《まごむすめ》はヨシオさんに名前をつけてもらったんだ。仮《か》眠《みん》をとりながらもヨシオさんから離《はな》れなかった。

もう終わりが近づいたのだろう。足の指先が紫色《むらさきいろ》にうっ血し始めた。ぼくたちはホットタオルで足を包《つつ》み温める。そしてオリーブオイルでマッサージをする。すると元のきれいな色になる。ヨシオさんは色が白くてこぎれいなおじいちゃんだった。足の指もきれいだった。けれど時間をおくと、うっ血が始まる。

マッサージをしている職員《しょくいん》の姿《すがた》を孫娘《まごむすめ》がじ～っと見つめている。ぼくが「やってみる?」と聞くと「えっ、やっていいんですか」と答えた。うかつだった。なんでぼくら、もっと早く気がつかなかったんだ。亡《な》くなるおじいちゃんのからだに触《ふ》れること。お孫《まご》さんはもっと早くからおじいちゃんに触《さわ》りたかったのだ。

この一週間はお別《わか》れの時間。しっかり握《にぎ》って、触《さわ》って、さすってお別《わか》れする。ぼくたちがこれまで担《にな》っていたことをご家族に返さないといけない。

ヨシオさんが亡《な》くなる二日前だったと思う。晩《ばん》のご飯《はん》にカレーライスをつくった。横たわるヨシオさんを囲《かこ》みカレーライスをいただく。「ヨシオさんには悪いけど、いただきま〜す」とみんなで合掌《がっしょう》。

ヨシオさんの昔話に花が咲《さ》く。まだ亡《な》くなってもいないのに。「お父さんの散歩《さんぽ》につきあうのは大変《たいへん》よ。夜中に飛《と》び出《だ》しちゃってね、さんざん歩いたあげく疲《つか》れ果《は》てたのね。お父さん、道路のセンターラインが布団《ふとん》に見えたの、靴脱《くつぬ》いで寝《ね》ちゃったのよ。夜中だから車はたまにしか来ないの。でもひかれちゃうから交通整理するの。若《わか》い人だった。心配して車を止めた青年がお父さんをおんぶして家まで連《つ》れてってくれたの」。

「お母さん」の話を皮切りに、ヨシオさんの武勇伝《ぶゆうでん》に関《かか》わった人がそれぞれに語る。ヨシオさんが「ぼけ」る前に常日頃《つねひごろ》から口にしていた言葉を聞いた。「人間、死ぬまでの十年が大切なんだ」。ぼくたちはその十年のうちの六年につきあうことができたのだ。

ヨシオさんは死んだ。桜《さくら》の花が散《ち》り始めたときだった。血圧《けつあつ》は常《つね》に120〜80を保《たも》っていた。これまでリズムよく続《つづ》いていた下顎呼吸《かがくこきゅう》がいったん止まった。そして大きくゆっくり息を吸《す》い始《はじ》めた。娘《むすめ》さん、お孫《まご》さん、弟さん、そして「お母さん」が慌《あわ》ててヨシオさんを囲《かこ》む。ぼくたちはそっとその場から離《はな》れた。そうすると「あ！　笑《わら》った」と家族みんなの声。それがヨシオさんの最期《さいご》だった。

六年間をともに過《す》ごしてきた職員《しょくいん》が言った。「悲しいけれど嬉《うれ》しいんです。こんな気持ちは初《はじ》めてです」。ぼくも同じ気持ちだった。生きていこうという気持ちになった。生きていけるんだ、という気持ちになった。ヨシオさんが最後《さいご》に残《のこ》したもの。それは生温かい10ccのオシッコだった。

ふつうに生まれて、ふつうに死ぬこと

生まれる

かつて君はお母さんのお腹《なか》の中から外界に耳を澄《す》ましていた。お母さん、お父さんはもちろんのこと、大人たちは君が生まれてくることを静《しず》かに待《ま》ち続《つづ》けている。十月《とつき》十日《とおか》を経《へ》た君は「望《のぞ》む」と「望《のぞ》まざる」にかかわらず子宮から押《お》し出《だ》される。「おぎゃー」と産声《うぶごえ》を上げながら。

ベビーベットの上でもぞもぞしているうちに君はひとりで寝返《ねがえ》りがうてるようになった。手に触《さわ》るすべてのものを口の中に入れることで世界とつながり、やがてよつばいになって好《す》きなところへと動き回る。つかまり立ちをしながら二本の足で歩み出す君。その危《あぶ》なっかしさでお父さん、お母さんを冷《ひ》や冷《ひ》やさせる。

大人たちの話し言葉に関心《かんしん》を寄《よ》せた君はそれを真似《まね》ながら無邪気《むじゃき》にしゃべる。意味の世界へと踏《ふ》み込《こ》む。それからは人間として、生き物としての成長《せいちょう》が爆発的《ばくはつてき》に始まる。見る、匂《にお》う、触《さわ》る、聞く、話す。脳《のう》はすべての情報《じょうほう》を吸収《きゅうしゅう》し考えることの喜《よろこ》びを知る。走る、跳《は》ねる、飛《と》ぶ。鉄棒《てつぼう》の逆上《さかあ》がりだってできる。からだはその躍動《やくどう》に血をかよわせる。

友達《ともだち》もできる。遊び、たわむれ、語らい、秘密《ひみつ》をつくり、自転車に乗ってみんなと一緒《いっしょ》に遠くまで行く。ちゃんと勉強もする。先生も大人たちもそれをそっと見守ってくれる。夏休みがあっという間に終わるように、子ども時代はあっという間に終わる。一緒《いっしょ》に笑《わら》い、ケンカした友人と別《わか》れ、また違《ちが》う友人と出会う。その友人ともやがて別《わか》れのときが来る。そして大人になる。

働《はたら》く

大人になった君は働《はたら》く。どんな仕事でもいい。君は働《はたら》くのだ。「自分にふさわしい」とか「何のために」なんて答えも後回し。とにかく一生懸命《いっしょうけんめい》に。働《はたら》くことは楽しい。ひとしく苦しくもある。

仕事の目的《もくてき》を達成《たっせい》するために君は自分の「思い」や「考え」を仲間《なかま》に伝《つた》える。仲間《なかま》もまた自分の「思い」や「考え」を伝《つた》えてくるだろう。頭を働《はたら》かせ、言葉を使い、文章に書きとめ、からだを動かしながら。そこには共感《きょうかん》もあれば対立もある。たとえ対立しても目的《もくてき》を達成《たっせい》するために君たちは話し合う。「どうしたらいいか」をみんなと考える。考えたらやってみる。うまくいくときもあればうまくいかないときもある。その結果《けっか》から次をどうするかまた考える。

ひとりではできないことも、みんなが協力《きょうりょく》して働《はたら》けば目的《もくてき》は達成《たっせい》される。君は一緒《いっしょ》に働《はたら》いた仲間《なかま》たちとともに喜《よろこ》ぶだろう。そこで生まれる利益《りえき》を仲間《なかま》たちと分かち合う。

どう分かち合うかもみんなと一緒《いっしょ》に決める。そうすれば君も仲間《なかま》も生きるに足る生活の糧《かて》を得《え》ることができる。働《はたら》くことで生まれる利益《りえき》をみんなのために使えるものとして貯《た》めておけば、誰《だれ》かが怪我《けが》や病気をして働《はたら》けなくなっても安心だ。

君は多くの人から支《ささ》えられ、多くの人を支《ささ》えるだろう。多くの人から喜《よろこ》びを与《あた》えられ、多くの人に喜《よろこ》びを与《あた》えるだろう。ともに笑《わら》い、泣《な》き、怒《おこ》りながら君の人格《じんかく》はつくられていく。君らしさは育《はぐく》まれる。他者の存在《そんざい》なしに君は存在《そんざい》し得《え》ないはずだ。他者とは信頼《しんらい》に足りうる存在《そんざい》であることを知るだろう。そして人を愛《あい》する。誰《だれ》かを愛《あい》する。

老《お》いる／ぼける

気がつくと君は老《お》いていた。筋肉《きんにく》は痩《や》せ衰《おとろ》えて、レントゲンを透《とお》さずとも骨格《こっかく》のありようが見て取れる。にもかかわらず長年にわたり蓄《たくわ》えられた脂肪《しぼう》はからだのいたるところにプルンとぶら下がる。

朝早く目が覚《さ》める。布団《ふとん》から抜《ぬ》け出《だ》して起きようとするが重みでからだが動かない。

起きるだけで十五分を費《つい》やした。洗面所《せんめんじょ》の鏡《かがみ》には知っているようで、知らない顔が映《うつ》っている。目の下には脂肪《しぼう》をため込《こ》み、頬骨《ほおぼね》は妙《みょう》にはりだしているのに頬《ほお》の肉は落《お》ち込《こ》んでいる。口もとは締《し》まりなく中からは合わなくなった入れ歯が今にも飛《と》び出《だ》しそうだ。会釈《えしゃく》をしてみた。すると鏡《かがみ》の中の顔も会釈《えしゃく》をする。

ヨロヨロしながら食卓《しょくたく》に向かう。歩くたびにブーとお尻《しり》から音がする。やっとテーブルにたどり着く。お皿にはお漬物《つけもの》がのっている。手を出してみるものの思うようにつまめない。よく見るとそれは皿の模様《もよう》だった。同じ食卓《しょくたく》にいる子どもがそれを見て「きゃははは」と無邪気《むじゃき》に笑《わら》った。あれは私《わたし》の子どもだったろうか、それとも孫《まご》であったろうか。それとも……。

昔のことが思い出される。お父さん、お母さんのこと。先生や友達《ともだち》、学校のこと。あのとき口ずさんだ歌だけは忘《わす》れない。よく働《はたら》いた。そうだこうしちゃいられない、仕事に行こう。するとどこからか声がした。「もうお仕事には行かなくてもいいんですよ」。

ここはどこなのか、今がいつなのか、年齢《ねんれい》すら思い出せない。今、何をなすべきかも分からずに途方《とほう》に暮《く》れる君。でも君のそばには必《かなら》ず誰《だれ》かがいる。それは家族なのか他人なのか分からないが必《かなら》ず人がいてくれる。それは信《しん》じてもよいこと。

死ぬ

二本の足で歩いていた君は杖《つえ》を使うようになった。腰《こし》は曲がりゆっくり、ゆっくりと歩く。もう歩けない。よつばいになって這《は》うほうが安心だ。君は立派《りっぱ》なよぼよぼじいさんになった。君は立派《りっぱ》なしわくちゃばあさんになった。布団《ふとん》に横たわると寝返《ねがえ》りすらうてない。現実《げんじつ》なのかそれとも夢《ゆめ》なのか、君は「うつつ」の世界をさまようだろう。

誰《だれ》かがせっせと口に運んでくれた食事も、もう食べることができない。水すら飲《の》み込《こ》むことができなくなった。肉体に蓄《たくわ》えられたエネルギーは徐々《じょじょ》になくなる。それにあわせて君は衰弱《すいじゃく》していく。でも君は満足《まんぞく》だ。十分に生きたのだから。おだやかに逝《い》くことが今の願《ねが》い。

君の死に際《しぎわ》を静《しず》かに見守る人たちがいる。君との出会い、関係《かんけい》、思い出を語り合っている。そして君のからだを触《さわ》る。あっさりと死《し》に逝《ゆ》く君はそのことに気がつかないかもしれない。けれど、これから生《い》き続《つづ》ける人たちにとってはとても大切なこと。君は最期《さいご》の空気を肺《はい》の中に吸《す》い込《こ》んだ。深く、深く吸《す》い込《こ》んだ。そして、ふ〜っと吐《は》き出《だ》す。もう二度と君は息をしない。死んだのだ。君は立派《りっぱ》に死んだ。

これはささやかな願《ねが》いなんだ。ふつうに生きて、ふつうに死ぬこと。

当たり前を生きる

少し難《むずか》しくなるかもしれないけれど少しだけ考えてほしいと思う。年をとれば人間はみな衰《おとろ》える。それは自然《しぜん》の摂理《せつり》。ぼけもまた加齢《かれい》(年をとること)による生理現象《せいりげんしょう》のひとつなんだ。当たり前のこと。その「ぼけ」に障害《しょうがい》を与《あた》えているのは社会のほうなんだ。住《す》み慣《な》れた地域《ちいき》から離《はな》れ施設《しせつ》や病院をたらい回されることでお年寄《としよ》りたちは混《こん》乱《らん》する。その混乱《こんらん》を力ずくで押《お》さえ込《こ》むことで「ぼけ」はますますひどくなる。

つまり、「ぼけ」の問題はその人の脳《のう》や人生のありようからのみ生まれるのではなく、「施設間《しせつかん》のたらい回し、薬の乱用《らんよう》、社会からの隔離《かくり》、抑制《よくせい》」といった社会における対応《たいおう》が加《くわ》わることで引き起こされているんだということ。そして「施設間《しせつかん》のたらい回し、薬の乱用《らんよう》、社会からの隔離《かくり》、抑制《よくせい》」が生まれる背景《はいけい》には経済《けいざい》や政治《せいじ》のあり方も深く関与《かんよ》しているんだということ。こういった問題が改《あらた》まらないかぎり「ぼけ」の問題はなくならない。「ぼけ老人《ろうじん》」は問題行動を起こすことで、ぼくたちの社会に異議《いぎ》を唱《とな》えている。

「ぼけ」ることが素晴《すば》らしいなんて思わない。素晴《すば》らしいと思えることは、人はたとえ「ぼけ」ても一生懸命《いっしょうけんめい》に生きるということ。そのことを認《みと》めない社会をぼくたちは望《のぞ》まない。

どんな人だって「必要《ひつよう》のない人」などいない。ひとりひとりの存在《そんざい》が認《みと》められてこそ社会は構成《こうせい》される。人は社会を創《つく》り、その社会から人は創《つく》られる。「ぼけ」ても安心な社会を創《つく》りたい、とぼくは思っています。

その後も、おばあちゃんは、ぼけた。

あっ、花が咲《さ》く

「百年を生きるって、どんな感じ？」。文枝《ふみえ》さんは「あら、あら、私はそんなに年寄りじゃありませんよ」と答えました。「今、何歳《さい》ですか？」と聞き直すと「あら、あら、ふふふ」と笑って目を閉じます。僕は百年を生きる人間の実感を知りたかったのでした。

文枝さんの顔はとても大きいのです。それは、百年の間に関節《かんせつ》がちぢんで体が小さくなったから。シワがたくさんあって、シミだらけなのです。それは、遊び、働くうちに、いっぱい陽《ひ》を浴びたから。背中は亀《かめ》の甲羅《こうら》のように丸いのです。それは、家事や子育てに頑張《がんば》ったから。

体全体が固まっているのですが、〝ひょい〟と足を上げてお風呂に入ったりもします。「こう見えて、体は柔らかいのです」と長男さんが少し自慢《じまん》げに話します。椅子に腰かけて、いつも居眠《いねむ》りをしています。たまに目を開けて、あたりをゆっくりと見回します。そして、静かに目を閉じます。

目をつむったまま、顔は天を仰《あお》ぎます。その表情は悲しそうだったり、楽しそうだったり、無表情だったりします。「何を考えているのですか」と尋《たず》ねても返事はありません。何を聞いても応えてくれないので、「生きていますか、死んでいますか」と言ってみました。すると、「ふふふ」と笑います。

僕たちが介護《かいご》しなければ、文枝さんは何時間でも座っていることでしょう。ご飯も食べず、トイレも行かず、不平不満ひとつこぼさずに、そして、静かに死ぬでしょう。何事もなかったかのように。そうやって死なれては困ります。だから、僕たちは介護《かいご》をします。

「文枝さん、ご飯食べたいですか」。箸《はし》で米粒《こめつぶ》をつまみ口へと運びます。大きな口を開けてパクパクと食べる日もあれば、貝のように固く閉じている時もあります。そんな時は食べる手伝いをあきらめます。

「文枝さん、オシッコしたいですか」。トイレに座る手伝いをします。一分を過ぎても出ません。五分たっても出ません。十分待っても出てきません。諦《あきら》めてパンツを履《は》いてもらおうとした、その時です。チョロチョロと音がしてオシッコがお出ましになりました。そんな時、僕は少し嬉《うれ》しくなるのです。文枝さんがオシッコしたのに、なぜかしら、僕もスッキリした気持ちになるのでした。

今でこそ怒《おこ》らなくなった文枝さんも、ちょっと前まではよく怒っていました。介護されたくなかったのです。だから、手伝う時は怖《こわ》かった。みんなが寝静まった夜中のこと。文枝さんのパッドを恐《おそ》る恐《おそ》る換えます。パンツを下げたときでした。文枝さんは強く抵抗します。「えい、くそ！　何するね！」。僕も途中でやめるわけにいきません。温かいタオルで手早くお尻《しり》を拭《ふ》いたのです。文枝さんは声をあげました。「あっ！　そんなことしたら花が咲《さ》く」。百年生きた人のお尻が花を咲かせる。どんな花か観てみたいのです。

婦《ふ》人《じん》の滝《たき》

出会ってすぐのことでした。文枝さんが九十五歳の時です。うつむいて、何やらぼそぼそと呟《つぶや》いています。耳を澄《す》まして聞きました。「わたくしの、うちのうちから、あつきものが、したたりおちそうです」。何の事だか分かりませんでした。

一か月、二か月、三か月と付き合うほどに分かってきました。あの時の言葉の意味が。「うちのうちから、したたり、おちそうな、あつきもの」。それはオシッコだったのです。どうやら、文枝さんは「オシッコ」と言えないようでした。どうしてなのでしょうか。おそらくそれは、恥《は》ずかしいからだ、と感じました。言葉にするのが恥《は》ずかしいだけでなく、手伝ってもらうことが恥《は》ずかしかったと思うのです。

こんな言葉で表すこともありました。「ふじんのたきがでる」。漢字に読み替えてみました。「婦人《ふじん》の滝《たき》が出る」。読み解いてみました。婦人《ふじん》とは女性です。これは、文枝さん自身だと思います。滝《たき》は水の流れのこと。それは高い所から落下《らっか》します。よって、ここでいう滝はオシッコのことではないでしょうか。つまり、「文枝さんからオシッコが出る」と考えました。「オシッコですか?」と尋ねると、文枝さんは恥《は》ずかしそうに「はい」とうなずくのでした。

こんないっぷう変わった言葉を使うお年寄りは文枝さんだけではありません。ミヨさんもそのひとりです。ある日のこと、ミヨさんの口がモグモグ、モグモグと動いています。いつまで経ってもモグモグが止みません。たしか、数時間前にリンゴを食べていました。きっと、あの口の中には飲み込みきれないリンゴのかけらが残っているのです。

職員が聞いてみました。「ミヨさん、口の中に何が入っているのですか?」。ミヨさんは答えました。「きぼう」。僕たちには「希望」と聞こえました。口の中にはリンゴではなく「希望」があったのです。よかった、「絶望」が入ってなくて。

長く、長く生きるお年寄りの言葉には不思議な魅力があります。その言葉たちを称《たた》えることにしました。文枝さんの言葉である「婦人の滝」には芸術文化賞を贈《おく》りました。オシッコを滝《たき》に例える品の良さを称《たた》えました。ミヨさんの口の中にある「希望」には特別賞を贈《おく》りました。明るい気持ちになれる力強さを称《たた》えました。いつまでも僕たちの記憶に残るお年寄りの言葉をノミネートし、表彰《ひょうしょう》する宅老所よりあい流行語大賞はこうやって始まったのでした。

お母さん、お母さん、入れ歯がないの

夜も深くなったころです。朱美《あけみ》さん（若い女性職員）が夜勤《やきん》をしていました。どこからか声がしました。遠くから聞こえてくるようでもあり、近くから聞こえるようでもあります。とても小さな声でした。「お母さん、お母さん」。少ししゃがれた老人の声です。それでいて幼子《おさなご》のような口調なのです。辿《たど》ってみると、やっぱり、文枝さん

でした。

「どうしたの、文ちゃん」。朱美さんはお母さんに成り代わって声をかけます。文枝さんは夜になると、時々、お母さんを探します。そんな時は、どの職員もお母さんに代わるのです。男の僕ですらお母さんになります。オジサンである僕の顔を見ても文枝さんは「ああ、お母さん」と言います。きっと、文枝さんが求めているものは本物の母ではないようです。母性《ぼせい》を求めているようです。僕たちもただ、お母さんの真似《まね》をするのではありません。母性《ぼせい》を発揮《はっき》するのです。とはいっても、お母さんのように振《ふ》る舞《ま》うことは、オジサンにとって少し恥ずかしいのです。

文枝さんはタイムスリップをするのです。夜中、ふと目が覚めると真っ暗で一人ぼっち。急に淋《さび》しくて、怖《こわ》い気持ちが湧いてくる。その気持ちのありようが幼子の気持ちと同じになると、文枝さんは二〜三歳に還《かえ》るのでした。

文枝さんは朱美さんの顔を見るなり、首に手をまわして抱《だ》きつきました。「ああ、お母さんが来てくれた」と。そして、耳元で甘《あま》えるように言いました。「お母さん、

文枝さんのタイムスリップ

入れ歯がないの」。真夜中に、おじいさんに見えなくもない、おばあさんが幼子になって入れ歯を探しているのです。朱美さんはとても不思議なできごとに出会いました。文枝さんの小さな体から百歳と三歳が同時に現れたのです。

詩人である谷川俊太郎《たにかわしゅんたろう》さんに、文枝さんのことを話すと、「へぇ〜、そうなんだ」と感心して言いました。「自分の中に生きているんだね。○歳も十歳も、二十歳も、四十歳も五十歳も。木の年輪《ねんりん》のように存在しているんだね」。きっと、そうなのです。老いが深まり時と場の見当がつかなくなってくると、人はタイムスリップをする。そして、タイムスリップした年代の自分が顔を出すのです。もし、長生きをしたら、僕もそうなるでしょう。タイムスリップをして、僕の中から三歳や二十二歳、五十四歳の僕が生き生きと現れることでしょう。

天寿《てんじゅ》

みんなが集《つど》う茶の間から、何ともいえない香《こお》ばしい匂《にお》いがしてきました。文枝さんに食べてもらおうと職員は、鶏《とり》の唐揚《からあげ》げをつくりました。ある日を境にパタンとご飯を食べなくなってしまったのです。

鶏の唐揚《からあ》げは文枝さんの大好物です。百歳のお祝いに百個の唐揚《からあ》げをプレゼントしたことがあります。ペロリと八個を食べました。みんなはそれを覚えていて、あの時のように食べて欲しいと願ったのです。期待通りにはいきませんでした。

食べなくなった前日は、びっくりするほど食べたのです。目覚め前のベットの中で「ああ、腹へった」とつぶやくほどだったのです。朝、昼、晩の三食をいつも以上に平らげて、翌日からはピタリと食べなくなる。予感がしました。文枝さんにお迎《むか》えが来たのかもしれません。

介護職《かいごしょく》には勘《かん》が働くことがあります。お年寄りの寿命《じゅみょう》がつきることを感じることがあります。それは、お年寄りの体を触り続けているからだと思います。見えず、聞こえない目や耳に代わって見聞きする。動かなくなった手に代わって、ご飯を食べる手伝いをする。動かなくなった足に代わって、一緒《いっしょ》に桜の花を眺《なが》めに行くのです。食べた量も排泄《はいせつ》する量も、色も形も匂《にお》いですら知っている。老いの深まる体に、僕たちの体をシンクロさせてきたから、なんとなくわかるのかもしれません。「ああ、もうお迎《むか》えが近いのだと」。

けれど、どんなに頑張《がんば》っても、本人と代わることのできないことがあります。それは、食べて飲み込むこと、オシッコやウンコをすること、眠り目覚めること。代わることのできないこれらが、僕たちと違う次元《じげん》に移ったと感じた時に「あの世」を意識《いしき》するのです。

変な話ですが、文枝さんは死なないと思っていました。一〇五年も生きたのですから、いつ死んでもおかしくないのに、いつもそこに居《い》ることが当たり前になっていたのです。僕たちにとって文枝さんはそんな存在だったのです。でも、その時はやって来ました。

文枝さんが飲み食べを止めて、十五日目の早朝でした。ぷぅ、はぁ、といっていた息が、ぷぅ〜、はぁ〜と変わります。そして、ぷぅ〜……、はぁ〜……になりました。

やがて、「ぷぅ」も「はぁ」も聞こえなくなり、静かに顎《あご》が上下するようになりました。その上下も早いリズムからゆっくりとなりました。家族のひとり、ひとりが話かけます。「お母さん……、お母さん……」。「お義母《かあ》さん、可愛《かわい》がってくれて、ありがとうございました」。「みんなここに居《い》るからね、母さん」。「かあさん、もう無理しなくていいんだよ」。そして、顎《あご》の動きが静かに止まりました。次の呼吸を待ちました。いつまでたってもやって来ませんでした。文枝さんは死にました。

お年寄りはいろんなことを教えてくれます。同じ毎日はないということ。人は自分の思い通りにはならないということ。人は死ぬということ。そんな、当たり前のことを教えてくれています。

ぼけの驚異《きょうい》

谷川俊太郎《たにかわしゅんたろう》

この世の中には二種類《しゅるい》の人間がいます。ぼけた年寄《としよ》りといっしょに暮《く》らしたことがある人と、暮《く》らしたことがない人。暮《く》らしたことがある人の中でも、うちの中の誰《だれ》かに年寄《としよ》りの世話はまかせてしまって、自分はうちの外で仕事をしてるだけの人もいて、こういう人はぼけについて頭では分かっていても、からだで経験《けいけん》しているわけではないので、あんまり面白《おもしろ》い意見は言いません。

その点、村瀬《むらせ》さんは毎日毎晩《まいにちまいばん》ぼけた年寄《としよ》りと暮《く》らしていて、しかもそれが仕事なのだから、うちの中も外も区別《くべつ》がない、いわばからだぐるみのぼけのプロ。と言ってもぼけを研究しているのではなく、彼《かれ》はぼけを年寄《としよ》りといっしょに生きているのです。だから村瀬《むらせ》さんの書くものは、実際《じっさい》の役に立つと同時に読み物として面白《おもしろ》い。村瀬《むらせ》さんの考えはすべて年寄《としよ》りたちと実際《じっさい》に暮《く》らしている中から生まれてきたものですから、それは知識《ちしき》と言うよりも知恵《ちえ》です。(知恵《ちえ》は知識《ちしき》より上等だってこと、知ってますよね)

母がぼけたのでぼくもぼけについて多少は知っていますが、かれこれ三十年も前のそのころはまだ役に立つ情報《じょうほう》も少なく、どうぼけた母の相手をしたらいいのか分からず迷《まよ》うことばかりでした。ぼけを主題にした絵本や詩を書くことが出来るようになったのは、母が倒《たお》れて入院して家族が直接《ちょくせつ》世話せずにすむようになってからで、でももうそのときはぼくもそろそろ自分の老後《ろうご》を考えねばならない年《ねん》齢《れい》になっていました。

ぼけについての自分の体験《たいけん》と、もし自分がぼけたら身内に頼《たよ》らずに暮《く》らしていきたい、その二つのことがきっかけで、ぼくは「宅老所《たくろうじょ》」の人たちと親しくなったのです。別《べつ》に年寄《としよ》りの世話を手伝《てつだ》ったわけではなく、ときどき訊《たず》ねていっしょにドライブに行ったり、ご飯《はん》を食べたりもっぱら無駄話《むだばなし》をしているだけでしたが、自分でも気づかないうちに、ぼくはむかしと違《ちが》って「ぼけ」をいやなもの、暗いものと思わないようになっていました。この本を読んでも分かりますが、宅老所《たくろうじょ》ではいつも笑《わら》いが絶《た》えないのです。

母のぼけをきっかけに、ぼくはこの世には「意味」で割《わ》り切《き》れない「存在《そんざい》」があるし、役に立つ立たないということだけで人を判断《はんだん》は出来ない、と思うようになりました。また人と人が通じ合うのに言葉だけが大事なのではなく、言葉によらないスキンシップもおとらず大切だし、固《かた》まりすぎた秩序《ちつじょ》をもう一度混沌《こんとん》に戻《もど》すことを恐《おそ》れる必要《ひつよう》はないということも考えるようになりました。ぼけを自分のからだとこころのうちに受け入れるには、これまで教わってきたこと、学んできたこと、正しいと考えてきたことを、もう一度解《と》きほぐしてみる必要《ひつよう》があるし、自分の感性《かんせい》をぼけに添《そ》ってゆるめていく必要《ひつよう》もあるようです。

若《わか》い人たちの中には、ぼけなんて遠い未来《みらい》の話だと思っている人もいるかもしれませんが、たとえ自分はぼけていなくても、たとえ身内にぼけた年寄《としよ》りがいなくても、ぼけについて感じ、考えることには、人生そのものを問うことにつながる面白《おもしろ》さがありますし、私《わたし》たちが今生きている時代の動きと切り離《はな》すことの出来ない切迫感《せつぱくかん》があります。ぼけの可笑《おか》しさ、不思議《ふしぎ》さ、怖《こわ》さ、美しさを通して、私《わたし》たちは人間といういのちの限《かぎ》りない深みに触《ふ》れるのです。

谷川俊太郎《たにかわしゅんたろう》さんからの四つの質問《しつもん》への村瀬孝生《むらせたかお》さんのこたえ

「何がいちばん大切ですか？」

笑《わら》い。ひとりで笑《わら》うのも悪くないが、仲間《なかま》と大笑《おおわら》いするのはもっといい。

「誰《だれ》がいちばん好《す》きですか？」

誰《だれ》だろう？　人じゃないとだめなの？　ぼくは鯨《くじら》が好《す》きです。

「何がいちばんいやですか？」

人を信《しん》じられなくなること。

「死んだらどこへ行きますか？」

静《しず》かなところ。そしてゆっくり眠《ねむ》ります。

村瀬孝生（むらせ・たかお）1964年生まれ。福岡県飯塚市出身。東北福祉大学を卒業後、特別養護老人ホームに生活指導員として勤務。1996年2月から、「第2宅老所よりあい」所長を務める。著書に『おしっこの放物線』『看取りケアの作法』『生と死をつなぐケア』『看取りケアの方法』（ともに雲母書房）、『ぼけてもいいよ』（西日本新聞社）、『あきらめる勇気』（ブリコラージュ）、などがある。映画と音楽好き、ブルーハーツのファン。

増補新版 おばあちゃんが、ぼけた。

2018年5月5日　初版第1刷発行
2025年5月15日　初版第5刷発行

よりみちパン!セ
YP05

著　者　村瀬孝生
発行者　堀江利香
発行所　株式会社　新曜社
101-0051　東京都千代田区神田神保町3-9
Tel: 03-3264-4973　Fax: 03-3239-2958
e-mail: info@shin-yo-sha.co.jp
URL: http://www.shin-yo-sha.co.jp/

装画・挿画　100%ORANGE／及川賢治
ブックデザイン　祖父江 慎＋根本 匠（cozfish）
印刷・製本　株式会社 栄 光

Printed in Japan ISBN978-4-7885-1566-6　C0095

＊本書は2004年に理論社より刊行された同名書籍に書き下ろしの最終章を新たに加え、新装版として刊行したものです。